Carolina Hernández

Histoire du Mexique

Des fiches claires et captivantes

Amazon KDP

2025

Mentions légales

© **Carolina Hernández, 2025**

Tous droits réservés. Aucune partie de cet ouvrage ne peut être reproduite, stockée dans un système de récupération ou transmise sous quelque forme ou par quelque moyen que ce soit — électronique, mécanique, photocopie, enregistrement ou autre — sans l'autorisation écrite préalable de l'auteur.

La reproduction à usage strictement privé ou éducatif est autorisée, sous réserve de citation de la source.

Sommaire

. Préface

. Introduction

1. Géographie du Mexique

Partie I – Le Mexique avant la conquête (jusqu'en 1519)

2. Les premières sociétés mésoaméricaines (2500 av. J.-C. – 900 apr. J.-C.)

3. Les grandes civilisations classiques : Teotihuacán, Zapotèques et Mayas

4. L'émergence du monde aztèque et la formation de Tenochtitlán

5. Religion, économie et organisation sociale en Mésoamérique

6. Les cultures du Nord et les contacts interrégionaux

Partie II – La conquête espagnole et la colonisation (1519–1821)

7. L'expédition d'Hernán Cortés et la chute de l'empire aztèque (1519–1521)

8. La mise en place du système colonial : encomiendas et évangélisation

9. Organisation du vice-royaume de la Nouvelle-Espagne

10. Missions, économie et société coloniale

11. Les résistances indigènes et les révoltes coloniales

Partie III – L'indépendance et la naissance du Mexique (1810–1857)

12. Les causes de l'indépendance et les révoltes de 1810 (Hidalgo, Morelos)

13. L'effondrement du pouvoir espagnol et la guerre d'indépendance (1810–1821)

14. L'Empire d'Iturbide et les débuts de la République (1821–1835)

15. Fédéralisme, centralisme et conflits internes

16. Perte du Texas et guerre contre les États-Unis (1836–1848)

17. Les réformes libérales et la Constitution de 1857

Partie IV – Guerres, empire et réformes (1857–1876)

18. La guerre de Réforme (1858–1861)

19. L'intervention française et le Second Empire de Maximilien (1862–1867)

20. La République restaurée sous Benito Juárez (1867–1872)

21. Les débuts du Porfiriat et la stabilisation politique (1872–1876)

Partie V – Le Porfiriat et la Révolution mexicaine (1876–1920)

22. Le Porfiriat (1876–1910) : modernisation et inégalités

23. Les causes profondes de la Révolution mexicaine

24. De Madero à Zapata : les grandes figures révolutionnaires

25. La guerre civile et la nouvelle Constitution de 1917

26. Les conséquences sociales et politiques de la Révolution

Partie VI – Le Mexique postrévolutionnaire (1920–1940)

27. Les présidences d'Obregón et de Calles : stabilisation et réformes

28. La création du PNR et la consolidation du régime révolutionnaire

29. Le gouvernement de Lázaro Cárdenas et les grandes nationalisations

Partie VII – Le Mexique moderne (1940–1982)

30. Le "miracle mexicain" : industrialisation et développement (1940–1970)

31. Le PRI et la domination du parti unique

32. Tlatelolco 1968 : contestation et crise politique

33. Les difficultés économiques des années 1970 et 1980

Partie VIII – Crises, réformes et ouverture démocratique (1982–2000)

34. La crise de la dette et les réformes structurelles
35. L'entrée dans la mondialisation : le traité de libre-échange (ALENA)
36. Le soulèvement zapatiste et les tensions sociales (1994)
37. La fin de l'hégémonie du PRI et la victoire de Vicente Fox (2000)

Partie IX – Le Mexique contemporain (2000–2025)

38. Les présidences de Fox et Calderón : réformes et guerre contre le narcotrafic
39. Les gouvernements du PRI : Peña Nieto et la crise de confiance
40. L'arrivée d'AMLO et la "Quatrième Transformation" (2018–2025)
41. Les défis actuels : inégalités, migration, climat et sécurité

Partie X – Mémo

42. Chronologie complète de l'histoire du Mexique
43. Les grandes figures historiques
44. Lexique et notions essentielles

Préface

Écrire l'histoire du Mexique, c'est s'aventurer dans une mosaïque d'identités, de mémoires et de résistances. Peu de nations condensent à ce point la diversité humaine, les contrastes géographiques et les tensions historiques qui ont façonné l'Amérique latine. Entre la grandeur des civilisations précolombiennes, la violence de la conquête, les luttes d'indépendance, les révolutions et les métamorphoses contemporaines, le Mexique incarne à la fois la douleur et la vitalité d'un continent en perpétuelle transformation.

Ce livre a pour ambition de raconter cette histoire dans sa profondeur et sa complexité, mais aussi dans sa continuité. Il s'adresse avant tout aux étudiants et à tous ceux qui souhaitent comprendre comment s'est construit ce pays fascinant, où la mémoire du passé demeure vivante dans les paysages, les villes et la culture quotidienne. Chaque époque, chaque événement, chaque figure politique ou sociale y trouve sa place, dans une progression chronologique claire, appuyée sur une approche pédagogique : des fiches structurées, des repères précis, des notions expliquées et un vocabulaire contextualisé.

Le Mexique est une terre de contrastes. Des hautes terres centrales aux jungles du Chiapas, des déserts du Nord aux plages du Pacifique, il abrite une pluralité de peuples et de cultures. Avant l'arrivée des Européens, la Mésoamérique était déjà un monde dense et interconnecté, dominé successivement par Teotihuacán, les Mayas et les Aztèques. Ces civilisations ont bâti des cités monumentales, développé des systèmes d'écriture, de calendrier et d'agriculture d'une sophistication impressionnante. Leur héritage, loin d'avoir disparu, reste présent dans la langue, les traditions, les croyances et la gastronomie du Mexique moderne.

Mais l'histoire mexicaine, c'est aussi celle du choc brutal de la conquête espagnole au XVIe siècle, lorsque Hernán Cortés et ses alliés indigènes mirent fin à l'empire de Moctezuma. De ce cataclysme naquit la Nueva España, vice-royauté florissante et centre du pouvoir colonial espagnol en Amérique. Pendant trois siècles, le Mexique fut à la fois un laboratoire d'administration impériale, un foyer d'évangélisation et un espace d'exploitation économique intense. Les sociétés indigènes furent profondément transformées, mais elles ne disparurent jamais. Elles survécurent, parfois en silence, dans les marges du pouvoir, dans les campagnes et les montagnes, transmettant leurs langues et leurs visions du monde.

L'indépendance, proclamée en 1821 après onze années de guerre, ne mit pas fin aux contradictions. Le jeune État mexicain dut affronter des décennies d'instabilité, de guerres civiles et d'interventions étrangères. Les élites libérales et conservatrices s'affrontèrent pour définir la nation : monarchie ou république, fédéralisme ou centralisme, État laïc ou pouvoir ecclésiastique. Ce long XIXe siècle fut un temps d'expérimentations politiques, d'échecs et de reconstructions, marqué par des figures majeures comme Miguel Hidalgo, Benito Juárez ou Porfirio Díaz.

La Révolution mexicaine de 1910 bouleversa à nouveau le pays. Elle fut l'une des plus grandes révolutions sociales du XXe siècle, comparable par son ampleur à celles de Russie ou de Chine. Paysans, ouvriers, intellectuels et militaires s'y affrontèrent, mais aussi s'y unirent pour refonder la nation. De cette tourmente naquit un nouvel État, fondé sur la Constitution de 1917, sur les idéaux de justice sociale et sur un nationalisme populaire qui marquera durablement la culture politique du Mexique.

Tout au long du XXe siècle, le Mexique oscilla entre autoritarisme et ouverture, entre progrès économique et inégalités persistantes. Le "miracle mexicain" des années 1940–1970, période de croissance et d'industrialisation rapide, fit du pays une puissance régionale. Mais derrière la modernisation, le système politique dominé par le Parti révolutionnaire institutionnel (PRI) maintint un contrôle étroit sur la société. La répression du mouvement étudiant de Tlatelolco en 1968 révéla la face cachée du régime et annonça les mutations à venir.

Les crises économiques des années 1980, l'ouverture néolibérale et l'entrée dans la mondialisation (avec l'ALENA en 1994) redéfinirent profondément le pays. Le soulèvement zapatiste dans le Chiapas rappela alors que la promesse révolutionnaire restait inachevée et que la voix des peuples indigènes demeurait une composante essentielle de la nation. La transition démocratique du début du XXIe siècle, marquée par la fin de l'hégémonie du PRI, ouvrit une nouvelle ère d'espoirs, mais aussi d'incertitudes.

Aujourd'hui, le Mexique fait face à des défis immenses : la violence du narcotrafic, les inégalités sociales, la corruption, la dégradation environnementale, la migration et les tensions avec les États-Unis. Pourtant, malgré les crises, le pays conserve une capacité de résilience remarquable. Son peuple, profondément attaché à sa culture, à sa langue et à son histoire, continue de se réinventer.

Ce livre cherche à rendre compte de cette dynamique. Il ne s'agit pas seulement d'un récit politique, mais d'une exploration globale : sociale, économique, culturelle et symbolique. Le lecteur y trouvera non pas une simple succession d'événements, mais une réflexion sur la continuité et la transformation, sur les luttes qui ont défini ce que signifie être mexicain.

En suivant cette fresque, on comprend que le Mexique n'est pas une nation figée dans son passé glorieux ou tragique. C'est un espace en mouvement, un carrefour d'identités, un pays à la fois ancien et jeune, blessé et vibrant, contradictoire et profondément humain. Étudier son histoire, c'est mieux saisir la complexité du monde latino-américain, et, au-delà, réfléchir à ce que signifie construire une société juste dans un contexte de diversité et de changement.

Introduction

Fiche 1 - La géographie du Mexique

Introduction

Le Mexique, situé entre les latitudes 14° et 32° Nord, est un espace d'une complexité géographique et culturelle exceptionnelle. Pont naturel entre l'Amérique du Nord et l'Amérique centrale, il est à la fois un territoire continental et maritime, montagneux et désertique, tropical et tempéré. Avec une superficie de près de deux millions de kilomètres carrés, il est le quatorzième plus grand pays du monde et le troisième d'Amérique latine après le Brésil et l'Argentine. Cette diversité géographique n'est pas qu'une donnée physique : elle a profondément modelé l'histoire, les cultures et les économies régionales du pays, en déterminant les axes de peuplement, les échanges commerciaux, et les formes d'organisation sociale.

La géographie du Mexique constitue donc une clé d'interprétation essentielle de son passé et de son présent.

I. Les grands ensembles physiques du territoire

1. Le relief : un pays de montagnes et de plateaux

Le relief mexicain est dominé par l'altitude. Près de 80 % du territoire se trouve à plus de 1 000 mètres d'altitude, ce qui confère au pays un caractère montagneux prononcé.

L'ossature principale est formée par trois ensembles majeurs :

- **La Sierra Madre Occidentale**, à l'ouest, prolonge la chaîne des Rocheuses nord-américaines. Elle s'étend du nord de l'État de Sonora jusqu'au Jalisco, formant un ensemble escarpé de canyons spectaculaires comme les *Barrancas del Cobre* (les « Gorges de cuivre »), plus profondes que le Grand Canyon.

- **La Sierra Madre Orientale**, à l'est, court parallèlement au golfe du Mexique. Moins élevée mais plus régulière, elle abrite d'importantes ressources minières (argent, zinc, plomb).

- **Le plateau central ou *Altiplano Mexicano*,** situé entre ces deux chaînes, est le cœur historique du pays. C'est là que se sont développées les grandes civilisations mésoaméricaines (Teotihuacán, Tenochtitlán) et que se concentre aujourd'hui la majorité de la population. Son altitude moyenne (2 000 m) explique la douceur du climat malgré la latitude tropicale.

Au sud, la **cordillère Néovolcanique transversale**, qui traverse le pays d'ouest en est, sépare le plateau central des basses terres tropicales. Elle abrite les plus hauts sommets du pays :

- le **Pico de Orizaba (Citlaltépetl)**, volcan actif culminant à 5 636 mètres,
- le **Popocatépetl** et l'**Iztaccíhuatl**, symboles mythiques des hautes terres centrales,
- et le **Nevado de Toluca**, autre volcan emblématique de la vallée de Mexico.

Enfin, au sud, la **Sierra Madre del Sur** longe le Pacifique, tandis que la **Sierra Madre de Chiapas** relie le Mexique au Guatemala. Ces zones montagneuses isolées ont souvent favorisé le maintien de fortes identités indigènes.

2. Les plaines et les littoraux

Le Mexique est bordé par deux façades maritimes majeures :

- à l'est, le **golfe du Mexique** et la **mer des Caraïbes**,
- à l'ouest, l'immense **océan Pacifique**.

Les plaines côtières de ces régions contrastent avec les reliefs intérieurs :

- **La plaine du golfe**, large et humide, s'étend du Tamaulipas au Yucatán ; elle est propice à la culture de la canne à sucre, du tabac et à l'élevage.
- **La plaine pacifique**, plus étroite, abrite des zones agricoles irriguées dans le Sinaloa et le Nayarit, mais aussi des stations touristiques comme Acapulco ou Puerto Vallarta.
- **La péninsule du Yucatán**, plateau calcaire sans relief marqué, se distingue par son sol karstique, ses *cenotes* (puits naturels d'eau douce) et son climat tropical. Elle fut le berceau de la civilisation maya.

- Enfin, **la péninsule de Basse-Californie**, longue de plus de 1 200 km, sépare le Pacifique du golfe de Californie (ou mer de Cortez). C'est une zone aride, presque désertique, mais d'une grande richesse écologique.

II. Climat et biodiversité : une mosaïque naturelle

1. Une diversité climatique remarquable

Le Mexique possède l'une des plus grandes variétés climatiques du monde. Cette diversité s'explique par trois facteurs :

- la latitude tropicale du pays,
- les fortes différences d'altitude,
- et l'influence combinée des deux océans.

On distingue plusieurs grands ensembles :

- **Les terres chaudes** (*tierra caliente*, jusqu'à 1 000 m) au climat tropical, humide sur le golfe du Mexique, sec sur la côte pacifique.
- **Les terres tempérées** (*tierra templada*, entre 1 000 et 2 000 m), où vivent la majorité des Mexicains ; c'est la zone des plateaux et des villes comme Mexico, Puebla ou Guadalajara.
- **Les terres froides** (*tierra fría*, au-delà de 2 000 m), caractérisées par des hivers frais et un climat de montagne.

Les précipitations varient fortement : plus de 2 000 mm/an sur le Chiapas, moins de 200 mm/an dans les déserts du nord (Sonora, Chihuahua). Le pays connaît aussi des **risques climatiques récurrents** : ouragans sur les côtes atlantiques, sécheresses dans le nord, glissements de terrain dans les montagnes tropicales.

2. Une biodiversité parmi les plus riches du monde

Le Mexique est classé parmi les **pays mégadivers** : il abrite près de 10 % de la biodiversité mondiale.

Ses écosystèmes vont des **déserts du nord** (où prospèrent cactus géants, coyotes et reptiles) aux **forêts tropicales humides du Chiapas et du Yucatán**, peuplées de jaguars, singes hurleurs et toucans.

On y trouve également :

- des **forêts de pins et de chênes** dans les hautes terres,
- des **mangroves** et **récifs coralliens** sur les côtes,
- des **zones humides** d'importance internationale (réserve de Sian Ka'an, lagune de Janitzio).

Cependant, la déforestation, la surexploitation des sols et l'urbanisation rapide menacent ces équilibres. Le gouvernement mexicain a créé plusieurs **réserves de biosphère** (comme Montes Azules, Calakmul ou le désert de Vizcaíno) pour préserver ces milieux.

III. Les grandes régions naturelles et humaines

1. Le Nord : aridité et frontières

Le nord du Mexique, vaste et semi-désertique, comprend les États de Sonora, Chihuahua, Coahuila, Durango, Nuevo León et Tamaulipas. Il se caractérise par un climat sec, des ressources minières abondantes (argent, cuivre, fer) et une agriculture irriguée dans certaines vallées.

Cette région est aussi marquée par sa **proximité avec les États-Unis**, qui influence fortement son économie (maquiladoras, échanges commerciaux, migration).

2. Le Centre : cœur historique et démographique

La région centrale, autour de la **vallée de Mexico**, est le véritable centre de gravité du pays. C'est là que se situent la capitale, Mexico, et les villes de Puebla, Toluca ou Querétaro.

Cette zone d'altitude tempérée est densément peuplée et historiquement le berceau des civilisations mésoaméricaines. Elle concentre aujourd'hui l'activité industrielle et les institutions politiques.

3. Le Sud et le Sud-Est : diversité culturelle et héritages indigènes

Du Guerrero au Chiapas, en passant par Oaxaca et le Yucatán, le sud du pays présente une diversité culturelle exceptionnelle. C'est la région des communautés indigènes les plus nombreuses (Zapothèques, Mixtèques, Mayas, Tzotzils, etc.), des forêts tropicales, et de l'agriculture vivrière. La pauvreté y est plus marquée, mais la richesse patrimoniale (sites de Palenque, Monte Albán, Chichén Itzá) en fait un pôle touristique majeur.

IV. Ressources naturelles et dynamiques économiques

Le Mexique est un pays riche en ressources :

- **minières** (argent, cuivre, or, zinc, plomb),
- **énergétiques** (pétrole, gaz naturel),
- **agricoles** (maïs, café, canne à sucre, avocat, fruits tropicaux).

L'exploitation du pétrole, notamment dans le **golfe du Mexique** (États de Campeche et Veracruz), a longtemps constitué un pilier de l'économie nationale via la compagnie publique PEMEX. Cependant, la dépendance à cette ressource a aussi révélé la vulnérabilité du pays face aux fluctuations mondiales. Les régions industrielles du nord et du centre se sont fortement développées grâce à la proximité du marché nord-américain, tandis que les zones rurales du sud restent marginalisées.

V. Une géographie humaine contrastée

1. Un pays densément peuplé mais inégalement réparti

Le Mexique compte plus de 130 millions d'habitants, mais la répartition est déséquilibrée : la moitié de la population vit sur seulement 20 % du territoire, essentiellement dans le centre et les plateaux. La **vallée de Mexico**, avec plus de 20 millions d'habitants, est l'une des plus grandes agglomérations du monde. Le nord, plus aride, reste faiblement peuplé, tandis que le sud, rural et montagneux, connaît un fort taux d'émigration.

2. Urbanisation et mégapoles

L'urbanisation s'est accélérée depuis les années 1950. Plus de 80 % des Mexicains vivent aujourd'hui en zone urbaine. Outre **Mexico**, les principales métropoles sont **Guadalajara**, **Monterrey**, **Puebla** et **Tijuana**. Cette croissance urbaine a généré d'importants défis : logement, pollution, transports, gestion de l'eau, et inégalités spatiales.

Conclusion

La géographie du Mexique, loin d'être un simple décor, a façonné l'histoire et la culture du pays. Le relief accidenté a favorisé la diversité linguistique et culturelle ; les climats contrastés ont imposé des modes de vie adaptés ; les ressources naturelles ont nourri autant la prospérité que les tensions sociales. Comprendre le Mexique, c'est donc d'abord comprendre son espace : un territoire d'une richesse naturelle et humaine incomparable, où chaque région, chaque montagne et chaque côte raconte une part de l'identité nationale.

Partie I – Le Mexique avant la conquête (jusqu'en 1519)

Fiche 2 – Les premières sociétés mésoaméricaines (2500 av. J.-C. – 900 apr. J.-C.)

Introduction

Avant l'arrivée des Espagnols et bien avant la splendeur de Teotihuacán ou des cités mayas, le territoire du Mexique fut le berceau d'un développement humain et culturel d'une profondeur exceptionnelle. Entre le IIIe millénaire av. J.-C. et le IXe siècle apr. J.-C., s'est progressivement constitué un espace de civilisations sédentaires que les archéologues ont nommé **Mésoamérique** — terme forgé par l'anthropologue Paul Kirchhoff en 1943 pour désigner une aire culturelle unifiée par des traits communs : agriculture du maïs, religion polythéiste, écriture hiéroglyphique, calendrier rituel et structures politiques complexes.

Cette période, souvent appelée **préclassique ou formative**, représente le long processus au cours duquel les sociétés nomades du néolithique se sont transformées en communautés sédentaires, inventant de nouvelles formes d'organisation sociale, économique et religieuse. C'est ici, dans ces terres du sud du Mexique, que se sont jouées les premières étapes de la civilisation mésoaméricaine — un monde d'agriculteurs, de bâtisseurs et de prêtres, dont les héritages se retrouveront jusque dans les empires aztèque et maya.

I. Le cadre géographique et les conditions du développement

1. Un espace de contrastes naturels

La Mésoamérique ne correspond pas à une entité politique mais à un espace culturel s'étendant du centre du Mexique (vallée de Mexico, Puebla, Morelos, Veracruz) jusqu'au Honduras et au Salvador. Cette région se caractérise par une **diversité écologique extrême** : hautes montagnes volcaniques, plateaux tempérés, plaines côtières tropicales et jungles humides du Chiapas et du Yucatán.

Ce contraste a joué un rôle essentiel dans le développement de la civilisation : les vallées fertiles ont favorisé l'agriculture intensive, tandis que les zones tropicales et montagneuses ont offert des ressources variées (bois, obsidienne, jade, cacao). Les échanges entre ces régions ont donné naissance à des **réseaux commerciaux et culturels précoces**, qui ont cimenté l'unité mésoaméricaine bien avant les grands empires.

2. Le rôle du climat et des ressources naturelles

Les sociétés néolithiques se sont établies dans des régions où les cycles climatiques — saison des pluies et saison sèche — imposaient une organisation communautaire rigoureuse. La domestication du **maïs**, probablement dès 7000 av. J.-C. dans la vallée de Tehuacán, a constitué la base du mode de vie mésoaméricain. À cela s'ajoutent la culture du **haricot**, de la **courge**, du **piment**, de la **tomate**, et plus tard du **cacao** et du **cotonnier**.

Ces plantes, combinées dans un système agricole complémentaire (le fameux **milpa**, champ tournant associant maïs, haricot et courge), ont permis une alimentation équilibrée et durable. L'agriculture sédentaire a ainsi rendu possible l'essor de villages permanents, puis de centres cérémoniels et de structures politiques hiérarchisées.

II. La révolution néolithique et les premières communautés sédentaires

1. De la chasse à l'agriculture : la naissance du sédentarisme

Jusqu'à environ 2500 av. J.-C., les populations du Mexique vivaient principalement de chasse, de pêche et de cueillette. Les grottes de Tehuacán (Puebla) et de Guilá Naquitz (Oaxaca) ont livré les vestiges des premières expériences agricoles. Peu à peu, l'agriculture s'est imposée comme base de la subsistance, provoquant une véritable révolution sociale : la sédentarisation.

Les premiers villages, constitués de huttes circulaires en roseaux et argile, se sont formés le long des rivières et des zones fertiles. Ces communautés vivaient dans un cadre coopératif, partageant le travail agricole et les récoltes. La société restait relativement égalitaire, mais certains indices (tombes riches, figurines, lieux rituels) montrent déjà l'émergence d'une **stratification sociale embryonnaire**, marquée par le prestige religieux.

2. Innovations techniques et organisation du travail

L'apparition de l'agriculture s'accompagna d'innovations décisives :

- la poterie, vers 2300 av. J.-C., facilitant le stockage des denrées ;
- le tissage de fibres végétales et de coton ;
- la taille et le polissage de la pierre pour fabriquer outils et ornements ;
- les premiers essais d'irrigation et de terrassement des sols.

Ces progrès ont favorisé la spécialisation du travail : artisans, prêtres, agriculteurs et chasseurs formaient désormais des groupes interdépendants. Ainsi se sont posées les bases de la **division sociale et économique du travail**, prémices d'un système hiérarchique qui se consolidera dans les périodes suivantes.

III. Les cultures préclassiques : la lente genèse de la civilisation

1. Les Olmèques : la « culture-mère » de la Mésoamérique

Les **Olmèques** occupent une place centrale dans la préhistoire mexicaine. Entre 1200 et 400 av. J.-C., cette civilisation installée sur les plaines côtières du golfe du Mexique (États de Veracruz et Tabasco) a jeté les fondations de la culture mésoaméricaine. Leur capitale principale, **San Lorenzo**, puis plus tard **La Venta**, témoignent d'une organisation politique et religieuse très élaborée. Les monuments colossaux — notamment les célèbres **têtes sculptées de basalte**, pouvant atteindre trois mètres de haut — incarnent une autorité centralisée et un art symbolique d'une puissance inédite.

Les Olmèques ont introduit plusieurs éléments qui deviendront constitutifs de la civilisation mésoaméricaine :

- l'usage du **calendrier rituel de 260 jours** (*tonalpohualli*),
- l'**écriture hiéroglyphique**, encore partiellement déchiffrée,
- la pratique du **jeu de balle rituel**, à la fois sportif et religieux,

- et une **iconographie religieuse complexe**, centrée sur des divinités liées à la fertilité, au jaguar, et aux forces naturelles.

Les Olmèques étaient également de grands commerçants : ils ont diffusé leurs influences jusqu'à Oaxaca, le Chiapas et le Yucatán, créant ainsi une véritable aire culturelle commune.

2. Les cultures de l'ouest et du centre : diversité et échanges

Parallèlement aux Olmèques, d'autres foyers culturels se développent. Dans l'Ouest (Jalisco, Colima, Michoacán), apparaissent les **cultures à tombes à puits**, connues pour leurs sépultures profondes contenant des figurines en céramique représentant des scènes de la vie quotidienne — un témoignage unique sur la société et la religion de ces peuples.

Dans le centre du Mexique, des sites comme **Tlatilco** (vallée de Mexico) et **Cuicuilco** (près du lac de Chalco) annoncent déjà la montée de sociétés plus hiérarchisées. Les fouilles y ont révélé des objets d'orfèvrerie, des masques rituels et des temples circulaires dédiés aux cultes du feu et de la fertilité.

Ces centres ont entretenu des relations d'échange et d'influence avec les Olmèques, mais ont aussi développé leurs propres formes d'expression, préparant l'émergence de **Teotihuacán**, la première grande métropole du continent.

IV. Vie religieuse, symbolisme et pouvoir

1. Le sacré au cœur de la société

La religion occupe une place centrale dans ces premières civilisations. Le monde est perçu comme un univers animé par des forces surnaturelles que l'homme doit équilibrer par des rituels, des offrandes et parfois des sacrifices. Les éléments naturels — pluie, maïs, feu, vent — sont divinisés et personnifiés. Les prêtres, détenteurs du savoir astronomique et rituel, jouent un rôle prééminent dans la hiérarchie sociale.

Les temples, souvent construits en terre ou en pierre, servent de points de contact entre le monde des hommes et celui des dieux. Ce rapport au sacré s'inscrit dans une vision **cyclique du temps**, régie par le calendrier : le retour des saisons, des moissons et des astres impose une organisation rituelle du travail et de la vie collective.

2. Art et architecture : expression du pouvoir religieux

Les premières manifestations artistiques reflètent cette dimension spirituelle. Les têtes olmèques, les stèles gravées et les figurines de jade représentent souvent des divinités hybrides, mi-humaines mi-animales, symbolisant l'union du terrestre et du divin. L'art n'a pas de fonction décorative : il est **politique et sacré**, au service du pouvoir et de la mémoire collective.

L'architecture suit la même logique. À La Venta, les ensembles cérémoniels s'organisent selon des plans géométriques précis, orientés vers les points cardinaux. Ces structures traduisent déjà une **maîtrise des mathématiques et de l'astronomie** qui s'épanouira dans les siècles suivants.

V. Transformations sociales et héritage durable

1. Vers des sociétés hiérarchisées

Entre 1000 et 400 av. J.-C., les sociétés mésoaméricaines connaissent une complexification rapide. Des élites émergent, soutenues par la religion et le contrôle des échanges. Les chefs, prêtres et guerriers constituent une classe dominante, tandis que les agriculteurs forment la base productive. Les centres cérémoniels deviennent des capitales régionales, administrant de vastes territoires. L'organisation sociale préfigure ainsi celle des États du Mexique classique (Teotihuacán, Zapotèques, Mayas).

2. Les héritages du monde préclassique

Les apports des premières sociétés mésoaméricaines sont immenses :

- **Agriculture intensive** fondée sur le maïs et la *milpa* ;
- **Organisation religieuse complexe** et calendrier rituel ;
- **Réseaux d'échanges régionaux** ;
- **Hiérarchies politiques** ;
- **Expressions artistiques codifiées**.

Tous ces éléments formeront le socle sur lequel s'élèveront les civilisations classiques. Même après la disparition des Olmèques, leurs symboles — le jaguar, le serpent, la montagne sacrée — continueront d'imprégner les croyances des peuples qui leur succéderont.

Conclusion

La période préclassique de la Mésoamérique est celle d'une genèse lente, mais décisive. Entre les premières communautés agricoles et les puissantes cités de l'époque classique, s'élabore un modèle de civilisation original, sans équivalent dans le continent américain. Les Olmèques et leurs contemporains n'ont pas seulement inventé une culture : ils ont conçu une manière de penser le monde, d'habiter la terre et de relier le divin à l'humain. C'est de cette matrice que naîtront, quelques siècles plus tard, les grandes civilisations du Mexique antique — Teotihuacán, Monte Albán et les Mayas —, qui porteront à leur apogée l'héritage de ce premier âge d'or.

Fiche 3 – Les grandes civilisations classiques : Teotihuacán, Zapotèques et Mayas

Introduction

Entre la fin du premier millénaire avant notre ère et le début du second après J.-C., la Mésoamérique connaît un **essor sans précédent**. L'agriculture du maïs, déjà solidement implantée, permet la croissance démographique, l'émergence d'États puissants et le développement d'une culture savante partagée de la vallée de Mexico au Yucatán. C'est à cette époque, dite **période classique**, que s'épanouissent trois civilisations majeures : **Teotihuacán**, au centre du Mexique, **Monte Albán**, berceau du monde zapotèque, et les **Mayas**, répartis entre les forêts tropicales et les plateaux du sud. Ces sociétés, sans former un empire unique, participent à une même matrice culturelle : elles partagent un calendrier rituel, un système d'écriture, un panthéon de divinités liées à la pluie, au maïs et au soleil, ainsi qu'une conception circulaire du temps où la guerre, la mort et la renaissance sont indissociables.

Leur essor marque le passage d'un monde encore tribal à un univers organisé, où **l'urbanisme, la religion et la connaissance scientifique** deviennent des instruments de pouvoir. Étudier ces civilisations, c'est comprendre les fondations profondes de l'identité mexicaine, bien avant la conquête espagnole.

I. Teotihuacán : la métropole du plateau central et le modèle du pouvoir sacré

1. Fondation et expansion d'un centre monumental

Née au nord-est de la vallée de Mexico vers 200 av. J.-C., Teotihuacán connaît une croissance fulgurante. Sa situation géographique — au croisement des routes commerciales reliant la Mésoamérique centrale aux terres mayas, mixtèques et totonaques — favorise son expansion. Vers 300 apr. J.-C., la cité devient une véritable métropole : plus de 20 km², environ 150 000 habitants, une architecture planifiée selon des axes astronomiques et une hiérarchie spatiale rigoureuse. La **"Chaussée des Morts" (Calzada de los Muertos)**, large avenue orientée selon les points cardinaux, relie les trois grands sanctuaires : la **Pyramide du Soleil**, symbole de la création cosmique, la **Pyramide de la Lune**, consacrée aux divinités de la fertilité, et le **Temple de Quetzalcoatl**, orné de têtes sculptées représentant le serpent à plumes et le dieu de la pluie, **Tlaloc**.

2. Une société sans roi visible mais structurée par la religion

Fait remarquable, Teotihuacán n'a laissé aucune trace de souverains individualisés. Les fresques, sculptures et inscriptions ne glorifient pas un dirigeant, mais plutôt des **figures divines ou collectives**, comme les prêtres et les guerriers. Le pouvoir semble avoir été **collégial**, partagé entre des élites religieuses et militaires qui administraient la ville selon un ordre rituel. La société teotihuacana reposait sur des quartiers spécialisés : artisans, commerçants étrangers, prêtres et agriculteurs cohabitaient dans des ensembles résidentiels soigneusement agencés, avec des fresques peintes, des autels domestiques et des cours intérieures. L'économie reposait sur le commerce de **l'obsidienne**, pierre volcanique coupante, exportée dans toute la Mésoamérique, ainsi que sur la culture du maïs, des haricots et des courges.

3. Religion, cosmologie et déclin

La religion à Teotihuacán était **cosmique** et **sacrificielle**. Les temples servaient de médiation entre le monde terrestre et les plans célestes. Les fresques montrent la "Grande Déesse" — divinité de la fertilité et de la végétation — et des processions où l'eau et le sang symbolisent la régénération du monde. Vers 550 apr. J.-C., la cité est frappée par des incendies, probablement liés à des troubles internes. Son déclin est rapide, mais son prestige ne disparaît pas : pendant des siècles, les peuples de la région la vénèrent comme le **berceau des dieux**. Les Aztèques eux-mêmes, mille ans plus tard, s'y rendront en pèlerinage, voyant dans ses ruines la trace des origines mythiques du soleil et du cosmos.

II. Monte Albán et le monde zapotèque : une civilisation d'écriture et de pouvoir rituel

1. Un site monumental au cœur des vallées d'Oaxaca

Fondée vers 500 av. J.-C., **Monte Albán** occupe une position spectaculaire : une montagne artificiellement nivelée, dominant de plus de 400 mètres les vallées environnantes. Ce choix n'est pas seulement stratégique ; il est symbolique. Il manifeste la domination du pouvoir humain sur la nature et affirme une **centralité cosmique**. Les places, temples et observatoires, construits en pierre taillée, témoignent d'un urbanisme réfléchi. Monte Albán devient le centre d'un État zapotèque organisé, dont l'influence s'étend jusqu'à la côte Pacifique.

2. Organisation politique et innovations culturelles

Les Zapotèques sont les **inventeurs d'un système d'écriture** parmi les plus anciens du continent américain. Leurs glyphes, gravés sur pierre, combinent symboles phonétiques et idéographiques. Cette écriture servait à consigner les exploits militaires, les rituels et la généalogie des dirigeants, attestant une conception du pouvoir fondée sur la **lignée sacrée** et la **légitimité religieuse**. Les "Danzantes", figures humaines sculptées sur les murs du temple principal, représentent non pas des danseurs, mais des ennemis vaincus et sacrifiés : un message de domination. Le calendrier zapotèque, calqué sur le cycle solaire de 365 jours et le rituel de 260 jours, structure la vie sociale, agricole et politique. Chaque événement devait correspondre à un jour favorable, selon la lecture des prêtres-astronomes.

3. Religion, société et héritage durable

La société zapotèque était profondément religieuse : le pouvoir civil et le pouvoir rituel étaient confondus. Les dieux principaux, comme **Cocijo** (dieu de la pluie) et **Pitao Cozobi** (dieu du maïs), reflétaient la dépendance vitale à la fertilité du sol. Les élites vivaient dans des palais décorés, tandis que les classes inférieures travaillaient aux champs ou à la construction des monuments. Lorsque Monte Albán décline vers 900 apr. J.-C., la civilisation zapotèque ne disparaît pas : elle se transforme. Dans la vallée d'Oaxaca, la culture zapotèque perdure jusqu'à la conquête espagnole, et sa langue est encore parlée aujourd'hui par plusieurs centaines de milliers de personnes.

III. Les Mayas : la science du temps et la splendeur des cités-États

1. Territoire et diversité politique

La civilisation maya, née vers 1000 av. J.-C. mais florissante entre 250 et 900 apr. J.-C., s'étend sur un vaste territoire. Les **hautes terres** (Guatemala, Chiapas) abritent des royaumes agricoles, tandis que les **basses terres** du Petén et du Yucatán voient surgir des cités monumentales, souvent séparées par des forêts denses. Chaque cité maya — **Tikal, Calakmul, Palenque, Copán, Uxmal** — est un royaume autonome, dirigé par un **k'uhul ajaw** ("seigneur divin"), garant de l'équilibre entre le monde humain et le cosmos. Ces cités se livrent des guerres, forment des alliances, et rivalisent dans la construction de temples et de stèles commémoratives.

2. Connaissances, écriture et religion

Les Mayas sont les **savants** de la Mésoamérique. Leur écriture hiéroglyphique, l'une des plus sophistiquées du Nouveau Monde, combine phonétisme et iconographie. Leur maîtrise des mathématiques, du calendrier et de l'astronomie est exceptionnelle : ils calculent les cycles lunaires, les éclipses et la révolution de Vénus avec une précision supérieure à celle des astronomes européens du Moyen Âge. La religion maya repose sur une vision **cyclique du temps** : la création et la destruction du monde s'alternent selon des ères cosmiques. Les temples-pyramides, comme celui de **Kukulkán à Chichén Itzá**, servent d'observatoires astronomiques et de lieux de sacrifice, où les élites offraient le sang aux dieux pour assurer le renouvellement du cosmos.

3. Crise et transformation

Vers 900 apr. J.-C., les grandes cités du sud sont abandonnées. Les causes de ce "effondrement maya" restent discutées : sécheresses prolongées, guerres endémiques, pression démographique ou effondrement du commerce. Mais la civilisation ne s'éteint pas. Les Mayas du nord — à **Uxmal**, puis à **Mayapán** — poursuivent leurs traditions. À l'arrivée des Espagnols, au XVIe siècle, les royaumes mayas subsistent encore. Aujourd'hui, leurs descendants conservent langues, mythes et rites, preuve d'une **résilience culturelle exceptionnelle**.

Conclusion

La période classique représente le **sommet de la civilisation mésoaméricaine** : urbanisme planifié, écriture, art, commerce, religion et science s'y conjuguent dans une cohérence unique. Teotihuacán, Monte Albán et les cités mayas, bien que géographiquement et politiquement distinctes, participaient d'un même système de pensée où le **pouvoir était sacré**, la **terre vivante**, et le **temps cyclique**. Leurs ruines ne sont pas des vestiges figés : elles sont les **archives de la mémoire mexicaine**. Les symboles de ces civilisations — la pyramide, le serpent à plumes, le maïs, le calendrier — forment encore aujourd'hui la trame invisible de l'identité nationale. De la pierre monumentale à la langue vivante, du mythe du soleil à la foi en la régénération du monde, ces civilisations n'ont pas seulement bâti des villes : elles ont donné sens à l'univers.

Fiche 4. L'émergence du monde aztèque et la formation de Tenochtitlán

Introduction

À la suite de l'effondrement des grandes cités classiques mésoaméricaines telles que Teotihuacán, Monte Albán ou Tikal, la vallée de Mexico devient un véritable terrain de recomposition politique et culturelle. Les migrations, les conflits et les alliances redéfinissent la carte régionale. Dans ce contexte, les Mexicas, peuple nomade venu du nord, se distinguent par leur capacité à **s'adapter à des conditions hostiles, à établir des alliances et à transformer leur environnement** pour en faire le socle d'un empire.

Tenochtitlán, fondée sur une île marécageuse du lac de Texcoco, devient rapidement une cité-pivot. Sa construction ne repose pas seulement sur des considérations pratiques, mais aussi sur un **symbolisme religieux fort**, en harmonie avec la cosmologie aztèque. La cité illustre comment un peuple marginal peut créer un **système politique, social et religieux cohérent**, capable de dominer une région entière.

I. Les origines mexicas et la migration vers la vallée de Mexico

1. Aztlán : la terre mythique et la destinée sacrée

La légende des Mexicas commence à Aztlán, une contrée mythique située au nord, souvent identifiée avec des régions arides aujourd'hui au nord-ouest du Mexique. Selon la tradition, les Mexicas quittent cette terre au XIIe siècle, guidés par le dieu Huitzilopochtli. Ce dieu solaire et guerrier incarne l'énergie vitale nécessaire à la survie du peuple, et sa guidance transforme la migration en **quête religieuse autant que territoriale**.

Chaque étape de la migration constitue une leçon et une consolidation de l'identité mexica : les Mexicas apprennent à survivre dans des territoires hostiles, à négocier ou combattre les populations établies et à forger une hiérarchie interne basée sur le mérite guerrier et la piété religieuse. Cette migration contribue à la création d'une **culture de la mobilité, du courage et de l'obéissance divine**, préparant le peuple à s'imposer dans la vallée de Mexico.

2. Arrivée et installation dans la vallée de Mexico

À leur arrivée dans la vallée de Mexico, les Mexicas sont perçus comme des **étrangers ou des mercenaires**. Les cités déjà établies, telles qu'Azcapotzalco, Texcoco ou Culhuacán, les voient comme des opportunistes et des novices incapables de gouverner. Les Mexicas doivent trouver une solution originale pour survivre, car ils ne possèdent ni terres fertiles ni alliances politiques solides.

Finalement, ils choisissent de s'installer sur une **petite île du lac de Texcoco**, une zone marécageuse peu attractive pour les cités voisines. Selon la légende, l'aigle perché sur un cactus dévorant un serpent leur indique l'emplacement sacré pour la fondation de Tenochtitlán. En 1325, la cité est officiellement fondée, posant les bases d'une organisation **politique, économique et religieuse** qui influencera toute la Mésoamérique.

- L'emplacement stratégique offre une **protection naturelle** contre les attaques terrestres.
- Il permet un **commerce fluvial efficace** avec les cités voisines.
- Les terres lacustres favorisent la création des **chinampas**, permettant une agriculture intensive.

II. Tenochtitlán : urbanisme, société et religion

1. Urbanisme et adaptation au milieu lacustre

Tenochtitlán est conçue pour tirer parti des contraintes de son environnement. La ville repose sur des digues, des chaussées et des canaux qui assurent la circulation des biens et des personnes et protègent contre les inondations. Les **chinampas**, jardins flottants, garantissent une production alimentaire abondante et diversifiée, suffisante pour nourrir plusieurs centaines de milliers d'habitants.

L'organisation urbaine reflète également la **cosmologie aztèque** : la ville est orientée selon les points cardinaux, le Templo Mayor trônant au centre, symbole de l'union entre pouvoir terrestre et sacré. Les quartiers résidentiels, artisanaux et commerciaux s'articulent autour de marchés et de places publiques, permettant un contrôle social et économique efficace.

2. Organisation sociale et hiérarchie

La société aztèque est extrêmement hiérarchisée mais valorise la compétence et le mérite, notamment militaire.

- Le **Huey Tlatoani** règne comme chef suprême, incarnation terrestre de l'autorité divine.
- Le conseil des nobles et des prêtres supervise la guerre, l'administration et les rituels.
- La population comprend :
  - **Macehualtin** : citoyens libres, producteurs, artisans et commerçants.
  - **Mayehques et esclaves** : travailleurs subordonnés, assurant les fonctions subalternes.
- L'éducation est dispensée selon deux systèmes :
  - **Calmecac**, pour les jeunes nobles, destiné à former l'élite religieuse et politique.
  - **Telpochcalli**, pour les jeunes du peuple, centré sur la guerre, la discipline et les rituels civiques.

Cette organisation garantit **cohésion sociale et discipline religieuse**, tout en préparant la population aux exigences militaires et rituelles.

3. Religion et cosmologie

Le sacré régit tous les aspects de la vie quotidienne et politique. Huitzilopochtli et d'autres divinités dictent les rythmes de la société et du cosmos. Les sacrifices humains sont essentiels pour assurer la régénération du monde et le cycle des saisons.

- L'architecture, les fresques et les codex servent à **légitimer le pouvoir** et à renforcer la centralité de Tenochtitlán.
- Les prêtres astronomes observent le Soleil, la Lune et les planètes pour coordonner les cérémonies et les activités agricoles.
- L'art monumental et la sculpture symbolisent l'union entre la cité et l'ordre cosmique, renforçant l'autorité politique et religieuse.

III. Expansion et administration impériale

1. La Triple Alliance et la puissance militaire

Sous Itzcóatl (1427–1440), les Mexicas renversent Azcapotzalco et fondent la **Triple Alliance** avec Texcoco et Tlacopan. Cette coalition est la base d'un empire flexible mais puissant.

- Tenochtitlán devient la capitale politique et militaire.
- Texcoco joue un rôle intellectuel et légitimant.
- Tlacopan assure le relais stratégique et militaire.

L'alliance permet une expansion rapide tout en maintenant un **équilibre fragile entre autonomie locale et contrôle central**.

2. Économie et tributs

Le système économique repose sur un **réseau de tributs** prélevés sur les cités vassales :

- Produits agricoles : maïs, haricots, cacao.
- Objets précieux : plumes, jade, coton, obsidienne.
- Main-d'œuvre pour les travaux publics et les sacrifices.

Les marchés, en particulier **Tlatelolco**, deviennent des centres économiques majeurs, comparables aux plus grands marchés d'Europe ou d'Asie à la même époque.

3. Art, écriture et savoir

- Les **tlacuilos** consignent l'histoire, la loi et la généalogie des dirigeants dans des codex.
- Astronomes et prêtres observent les corps célestes pour coordonner l'agriculture et les rituels.
- L'architecture et la sculpture symbolisent la centralité de la capitale et la légitimité divine du pouvoir.

IV. Fragilités et tensions internes

Malgré sa puissance, l'empire comporte des **faiblesses structurelles** :

- Les cités tributaires peuvent se rebeller si la pression devient excessive.
- Les guerres rituelles, bien qu'essentielles pour la religion, créent un état de conflit permanent.
- Les signes cosmiques, interprétés comme mauvais présages, mettent en évidence la **vulnérabilité religieuse et psychologique** avant l'arrivée des Espagnols.

Conclusion

À son apogée, Tenochtitlán compte environ **250 000 habitants**, comparable à Paris ou Constantinople au XVIe siècle. La ville symbolise la **synthèse parfaite entre urbanisme, religion, politique et économie**, mais sa dépendance aux tributs et aux sacrifices révèle sa fragilité. La conquête espagnole (1519–1521) met fin à cet empire, mais l'héritage aztèque perdure à travers l'urbanisme, les traditions religieuses et la culture mexicaine moderne.

Fiche 5 – Religion, économie et organisation sociale en Mésoamérique

Introduction

En Mésoamérique, la religion, l'économie et l'organisation sociale ne peuvent être dissociées. Chaque cité, chaque empire, fonctionne comme un système intégré où **la spiritualité régit le pouvoir, où l'économie assure la survie et la prospérité, et où la hiérarchie sociale structure la vie quotidienne.**

Pour les Mexicas et leurs voisins, la religion n'est pas seulement une question de foi : elle guide la guerre, la diplomatie, la politique et la production agricole. L'économie repose sur le maïs, la redistribution des tributs et les échanges interrégionaux, tandis que la société est hiérarchisée selon des principes mêlant **mérite militaire, noblesse héréditaire et rôle religieux.**

Cette fiche explore en profondeur ces trois dimensions, montrant comment elles se renforcent mutuellement pour créer des civilisations durables mais vulnérables aux perturbations extérieures.

I. Religion et cosmologie

1. Les fondements religieux

La religion mésoaméricaine est **polythéiste et cosmologique**, cherchant à maintenir l'équilibre entre les forces naturelles et surnaturelles. Les divinités incarnent des éléments essentiels : le soleil, la lune, la pluie, le maïs ou la guerre. Chez les Mexicas, **Huitzilopochtli, Tlaloc et Quetzalcoatl** occupent des positions centrales.

- Les dieux imposent des obligations : rituels, sacrifices, offrandes et fêtes calendaires.

- Chaque acte social, agricole ou militaire est justifié par la nécessité de **plaire aux divinités et d'assurer la continuité du cosmos.**

Les temples et pyramides ne sont pas seulement des lieux de culte, mais des instruments de pouvoir : leur hauteur, leur décoration et leur orientation symbolisent la domination du monde sacré sur le monde terrestre.

2. Sacrifices et rituels

Les sacrifices humains, pratiqués surtout par les Mexicas, sont perçus comme essentiels pour nourrir le Soleil et maintenir l'équilibre cosmique. Les victimes sont souvent des prisonniers de guerre ou des esclaves.

- Les rituels incluent **la danse, la musique, l'offrande de nourriture et le sang**, qui incarnent le renouvellement de la vie.
- Les cérémonies sont souvent liées au **calendrier rituel**, coordonné par des astronomes et des prêtres.
- Les fêtes religieuses rythment l'année et impliquent toute la communauté, renforçant la cohésion sociale et la légitimité politique.

3. Religion et pouvoir politique

Chez les Mexicas, le pouvoir politique et religieux est **indissociable**. Le Huey Tlatoani n'est pas seulement un chef militaire : il est l'incarnation terrestre du pouvoir divin.

- Les prêtres conseillent le souverain, organisent les sacrifices et supervisent l'enseignement religieux.
- La construction des temples et l'organisation des fêtes servent à **affirmer le prestige du pouvoir central et la loyauté des cités vassales**.
- La religion légitime l'expansion impériale : les conquêtes deviennent des obligations religieuses, et la collecte de tributs s'accompagne de cérémonies religieuses.

II. Économie et production

1. Agriculture et techniques de production

Le maïs est la base de l'économie mésoaméricaine, accompagné de haricots, courges et cacao. L'ingéniosité des civilisations se manifeste dans l'exploitation des terres :

- Les **chinampas** à Tenochtitlán permettent une agriculture intensive sur les lacs.

- Les terrasses et canaux dans les régions montagneuses favorisent l'irrigation et limitent l'érosion.
- Les systèmes de stockage de céréales assurent la sécurité alimentaire et le contrôle politique des surplus.

Cette maîtrise de l'agriculture garantit non seulement la subsistance, mais permet également de soutenir une **armée professionnelle et une élite urbaine nombreuse**.

2. Commerce et réseaux d'échange

Le commerce est un élément clé : il relie les régions montagneuses, côtières et lacustres et facilite l'échange de biens précieux et de ressources essentielles.

- Les marchés urbains, comme **Tlatelolco**, deviennent des centres économiques majeurs où se rencontrent artisans, paysans et marchands.
- Les biens échangés incluent : maïs, cacao, plumes de quetzal, obsidienne, coton, coquillages, jade et pierres semi-précieuses.
- Les caravanes transportent les produits sur de longues distances, assurant la circulation des marchandises et des idées.

3. Système de tributs

L'empire aztèque et d'autres cités utilisent un **système de tributs** pour financer l'administration, les rituels et les infrastructures :

- Les cités vassales versent des denrées, des textiles et des objets précieux.
- Les tributs renforcent la hiérarchie : ils symbolisent l'allégeance à la capitale.
- Les archives, codex et listes de tributs permettent un contrôle administratif précis.

III. Organisation sociale

1. Hiérarchie et classes sociales

La société mésoaméricaine est fortement hiérarchisée mais flexible selon le mérite :

- Les **nobles** (pipiltin) détiennent le pouvoir politique et religieux.

- Les **citoyens libres** (macehualtin) travaillent la terre, fabriquent des biens et participent à la défense de la cité.
- Les **esclaves et serviteurs** assurent les tâches subalternes et peuvent provenir de la guerre ou du commerce.

Cette hiérarchie assure la stabilité sociale et la continuité du pouvoir, tout en favorisant la mobilité par la réussite militaire ou religieuse.

2. Rôle de la famille et des communautés

La **famille étendue** constitue l'unité sociale de base. Les biens, terres et savoirs sont transmis au sein de la famille, et la solidarité est essentielle pour la survie dans un environnement souvent hostile.

- Les **calpulli** regroupent des familles partageant la terre, les responsabilités religieuses et la défense militaire.
- Chaque calpulli possède ses propres autorités, mais reste lié au pouvoir central, garantissant à la fois autonomie locale et cohésion impériale.

3. Éducation et transmission des savoirs

L'éducation est fondamentale pour la reproduction de l'ordre social et religieux :

- Les **calmecac** forment les enfants de l'élite, les préparant aux fonctions religieuses et administratives.
- Les **telpochcalli** enseignent aux jeunes communs la guerre, la discipline, les métiers et la piété.

Cette transmission de savoirs assure la **stabilité et la continuité** des institutions, du pouvoir religieux et de l'organisation militaire.

IV. Interactions entre religion, économie et société

L'unité de ces trois dimensions est la force de la civilisation mésoaméricaine :

- La religion justifie le pouvoir politique et légitime la collecte de tributs.
- L'économie nourrit la population et finance les cérémonies religieuses.

- L'organisation sociale structure la participation aux rituels, au commerce et à la guerre.

En combinant ces éléments, les sociétés mésoaméricaines parviennent à créer des **civilisations complexes, stables et profondément symboliques**, capables de mobiliser des populations importantes sur des territoires étendus.

Conclusion

La religion, l'économie et l'organisation sociale forment un système **interdépendant** : chacun soutient et limite l'autre. Si cette intégration permet la prospérité et l'expansion, elle expose également les sociétés à des vulnérabilités : tensions internes, révoltes de tributs ou choc avec des puissances extérieures.

Chez les Mexicas, cet équilibre complexe atteint son apogée à Tenochtitlán, où le sacré, le commerce et la hiérarchie sociale se conjuguent pour créer un **empire puissant mais fragile**, préparant à la fois la grandeur et la chute face aux Espagnols.

Fiche 6 – Les cultures du Nord et les contacts interrégionaux

Introduction

Si les Mexicas et les civilisations centrales de la vallée de Mexico dominent l'histoire classique, le nord du Mexique est occupé par **des sociétés très diversifiées**, adaptées à des environnements semi-arides ou désertiques. Ces peuples, souvent perçus comme marginalisés par les sources centrales, possèdent pourtant des **structures sociales complexes, des pratiques économiques et religieuses sophistiquées**, et entretiennent des **réseaux d'échanges étendus** avec le centre et le sud de la Mésoamérique.

L'étude des cultures du Nord permet de comprendre comment **l'adaptation écologique et l'innovation sociale** influencent les dynamiques régionales et comment ces sociétés interagissent avec leurs voisins plus urbanisés.

I. Diversité géographique et adaptation écologique

1. Les environnements nord-mexicains

Le Nord comprend des zones désertiques, semi-désertiques et montagneuses, avec des ressources limitées :

- **Déserts de Sonora et Chihuahua** : sols pauvres, pluviométrie faible, grandes variations de température.

- **Plaines du nord-est** : zones favorables au pastoralisme et à la chasse

- **Régions montagneuses** : abritent des oasis et des micro-climats, propices à une agriculture localisée.

Les sociétés nordiques doivent donc **développer des techniques agricoles et de subsistance spécifiques**, très différentes de celles des bassins lacustres du centre.

2. Techniques agricoles et domestication

Pour survivre, les communautés nordiques adoptent des méthodes ingénieuses :

- Utilisation de **terrasses et canaux rudimentaires** dans les vallées montagneuses pour capter l'eau.

- Culture de **maïs, haricots et courges**, souvent en rotation pour préserver les sols.
- Domestication de petits animaux et collecte de ressources locales (cactus, plantes médicinales, fruits sauvages).

Ces techniques montrent une **grande adaptabilité** et un savoir empirique transmis de génération en génération.

II. Organisation sociale et politique

1. Structures communautaires

Contrairement aux grandes cités du centre, les sociétés du Nord privilégient **les structures décentralisées**, mais non moins organisées :

- **Villages et petits hameaux** reliés par des alliances et échanges.
- Les décisions importantes sont souvent prises **collectivement ou par un conseil d'anciens**, garantissant la cohésion et la survie du groupe.
- L'autorité est flexible : un chef ou un "guerrier respecté" peut émerger temporairement pour des conflits ou la coordination des récoltes.

2. Relations intercommunautaires

Les communautés nordiques maintiennent des **réseaux de parenté et d'alliance** qui facilitent la mobilité, le commerce et la défense :

- Mariages exogames pour renforcer les liens entre villages.
- Coopération militaire ponctuelle en cas de raids ou d'invasions.
- Partage des ressources rares, comme l'eau et le bois.

III. Échanges et contacts interrégionaux

1. Réseaux commerciaux

Même dans des zones désertiques, les peuples du Nord participent à un **commerce à longue distance** :

- Exportation de coquillages, plumes, sel, obsidienne et pierres semi-précieuses vers le centre et le sud.
- Importation de maïs, textiles et céramiques en provenance des vallées centrales.
- Développement de **routes caravanières** traversant le désert, où les guides et commerçants jouent un rôle clé dans la sécurité et la logistique.

2. Influence culturelle et technologique

Les contacts interrégionaux permettent aux cultures du Nord de **s'inspirer des techniques, croyances et objets** des sociétés plus urbanisées :

- Adoption de certains motifs artistiques ou symboles religieux.
- Transmission de technologies agricoles comme les **terrasses et canaux**, adaptées localement.
- Échanges de pratiques militaires et rituelles entre groupes, renforçant la cohésion régionale.

3. Échanges sporadiques mais stratégiques

Certains contacts restent sporadiques mais stratégiques, permettant à des groupes du Nord d'accéder à des **ressources vitales** et de se maintenir politiquement et économiquement :

- Alliances temporaires pour contrôler des oasis ou points d'eau.
- Partage de savoirs sur la chasse et la domestication des animaux.
- Échanges de biens rares, qui confèrent prestige et influence aux chefs locaux.

IV. Religion et pratiques spirituelles

Les croyances dans le Nord, bien que moins centralisées, sont **profondes et adaptées à l'environnement** :

- Les dieux liés au soleil, à l'eau et aux cycles agricoles dominent les cultes.
- Les cérémonies locales sont souvent liées à la survie, aux récoltes et aux saisons.

- Les objets rituels et lieux sacrés servent aussi à **renforcer les alliances et hiérarchies locales**.

La spiritualité est donc **intimement liée à la subsistance**, au commerce et à la cohésion sociale.

V. Interaction avec les centres aztèques et voisins

Les cultures du Nord ne sont pas isolées :

- Elles servent de **zones tampons** face aux invasions ou aux migrations.
- Elles fournissent des ressources et des guerriers aux cités centrales, tout en préservant une autonomie relative.
- Les Mexicas et d'autres puissances centrales cherchent parfois à les **intégrer par le tribut ou la conquête**, mais rencontrent des résistances locales importantes.

Cette interaction démontre que **même les régions périphériques jouent un rôle crucial dans l'équilibre régional**, en influençant les flux économiques, culturels et militaires.

Conclusion

Les sociétés du Nord montrent que la Mésoamérique ne se limite pas aux grandes cités du centre et du sud. Leur **adaptabilité écologique, leur organisation sociale décentralisée et leurs réseaux d'échanges** leur permettent de survivre et d'influencer le reste de la région.

Ces peuples **préparent le terrain** pour les contacts avec les Mexicas et, plus tard, les Espagnols, en participant à des échanges économiques, culturels et technologiques qui enrichissent l'ensemble de la Mésoamérique.

Ainsi, le Nord mexicain, souvent sous-estimé, apparaît comme un **maillon essentiel du système régional**, capable d'innovation, de résilience et d'intégration malgré des conditions difficiles.

Partie II – La conquête espagnole et la colonisation (1519–1821)

Fiche 7 – L'expédition d'Hernán Cortés et la chute de l'empire aztèque (1519–1521)

Introduction

L'arrivée des Espagnols au Mexique marque l'un des tournants les plus décisifs de l'histoire mésoaméricaine. Entre 1519 et 1521, Hernán Cortés et son expédition se retrouvent face à un monde complexe, organisé, technologiquement avancé et profondément religieux. Les Mexicas, maîtres de la vallée de Mexico, n'avaient jamais rencontré de civilisation étrangère disposant de chevaux, d'armes à feu et d'une vision expansionniste européenne.

Ce contact initial n'est pas simplement militaire : il implique **la diplomatie, les alliances avec des cités rivales, la perception des présages et la manipulation des symboles religieux.** Cette fiche explore en profondeur l'arrivée des Espagnols, leurs premières interactions, les alliances, la conquête de Tenochtitlán et la chute de l'empire aztèque.

I. L'expédition de Cortés et le voyage vers le Mexique

1. Origines et objectifs de l'expédition

Hernán Cortés quitte Cuba en février 1519 avec environ 500 hommes, cherchant richesse, terres et pouvoir. La Couronne espagnole encourage la découverte et la conquête, mais l'expédition repose également sur la **combinaison d'ambitions personnelles et d'opportunités économiques.**

- Cortés dispose d'un mélange de soldats expérimentés, d'Indiens auxiliaires, d'artisans et de marins.

- L'expédition est équipée d'armes à feu, d'armures et de chevaux, éléments inconnus des peuples mésoaméricains.

- L'objectif est double : **prendre possession de nouvelles terres au nom de la Couronne et accumuler fortune et titres.**

Le voyage est périlleux, traversant des côtes inconnues, affrontant des tempêtes et établissant les premiers contacts avec des peuples côtiers, souvent marqués par **la curiosité, la peur ou la méfiance**.

2. Contacts initiaux avec les peuples côtiers

Avant d'atteindre l'intérieur du Mexique, Cortés rencontre de nombreuses communautés :

- Certaines offrent **nourriture et informations**, espérant tirer avantage de l'alliance avec les Espagnols.
- D'autres résistent, créant de premiers conflits et démontrant la diversité culturelle et politique du territoire.

Ces interactions préparent Cortés à utiliser **la diplomatie et la menace militaire** comme instruments complémentaires de conquête. Elles lui permettent aussi de **réaliser l'importance des alliances avec des peuples mécontents des Mexicas**, facteur décisif pour la suite de l'expédition.

II. Premiers contacts avec les Mexicas

1. Rencontre avec Moctezuma II

Lorsque Cortés atteint Tenochtitlán en novembre 1519, il rencontre l'empereur Moctezuma II. Cette rencontre est marquée par **l'étonnement, la prudence et le calcul politique** :

- Moctezuma perçoit les Espagnols à travers les prismes de la prophétie et des signes religieux, certains les assimilant au dieu Quetzalcoatl.
- Cortés exploite les divisions internes et les tensions avec les cités assujetties à l'empire.
- Les cadeaux, les échanges et les cérémonies de bienvenue deviennent **des instruments diplomatiques** pour établir un contrôle progressif.

Cette étape montre que **la conquête n'est pas uniquement militaire**, mais repose sur une compréhension fine des croyances, des symboles et des structures de pouvoir mexica.

2. Premières tensions et captivité de Moctezuma

Rapidement, les relations se détériorent :

- Les Espagnols prennent Moctezuma en otage pour contrôler la cité.
- Des incidents mineurs et incompréhensions culturelles provoquent des tensions croissantes.
- Les Mexicas, initialement soumis par respect religieux et crainte, commencent à comprendre la menace réelle.

Cette situation préfigure **les affrontements ultérieurs et la fragilité de l'alliance initiale**, où stratégie, ruse et force s'entrelacent.

III. Alliances avec les peuples assujettis aux Mexicas

1. Opportunités pour Cortés

L'expansion mexica avait engendré **des tensions avec de nombreuses cités tributaires** : Tlaxcala, Texcoco et d'autres voient l'arrivée des Espagnols comme une chance de se libérer de la domination aztèque.

- Cortés négocie des alliances stratégiques, offrant protection et appui militaire contre Tenochtitlán.
- Ces alliances fournissent des milliers de guerriers et une connaissance du terrain indispensable pour les campagnes ultérieures.
- La logistique et l'expérience militaire locale permettent aux Espagnols de **compter sur une force bien supérieure en nombre à leur contingent initial**.

2. Influence des alliances sur la conquête

Sans ces alliances, la chute de Tenochtitlán aurait été impossible :

- Les cités tributaires apportent un **soutien logistique et stratégique** essentiel.
- Les tensions internes sapent la cohésion mexica, rendant l'empire vulnérable malgré sa puissance militaire.

- Les Espagnols exploitent les rivalités, démontrant que la guerre n'est pas seulement **un choc technologique**, mais aussi **un jeu diplomatique et politique complexe**.

IV. Conquête de Tenochtitlán et chute de l'empire aztèque

1. Siège et batailles

Le siège de Tenochtitlán, débuté en 1521, est une combinaison de **stratégie militaire, diplomatie et pression psychologique** :

- Des tranchées et barrages sont construits pour contrôler les canaux et empêcher l'approvisionnement.
- Les combats combinent armes européennes et tactiques mexicas, avec l'appui constant des alliés autochtones.
- Les maladies introduites par les Européens, comme la variole, affaiblissent fortement la population et démoralisent les défenseurs.

2. Effondrement de l'empire

Après plusieurs mois de siège :

- Les défenses de la ville sont dépassées.
- Moctezuma meurt, laissant un vide politique que Cortés exploite pour imposer le contrôle espagnol.
- La ville tombe le 13 août 1521, marquant la fin de l'empire mexica et le début de la **vice-royauté de la Nouvelle-Espagne**.

V. Conséquences immédiates du contact

- L'empire mexica est remplacé par une administration coloniale espagnole, imposant tributs, lois et évangélisation.
- Les populations locales subissent des pertes démographiques massives dues aux guerres et aux maladies.

- Les alliances nouées par Cortés servent de modèle pour la **stratégie coloniale espagnole dans le reste de l'Amérique**.

Conclusion

Les premiers contacts entre Espagnols et Mexicas illustrent un **moment clé de l'histoire mondiale**, où se rencontrent deux visions du monde radicalement différentes :

- L'une centrée sur le sacré, le cosmique et l'équilibre entre humains et dieux.
- L'autre orientée vers l'expansion territoriale, la richesse et la domination politique.

La chute de Tenochtitlán ne résulte pas seulement de la supériorité technologique des Espagnols, mais d'une combinaison de **stratégie, alliances, maladies et tensions internes**. Ce contact transforme à jamais la Mésoamérique, inaugurant une **nouvelle ère coloniale**, à la fois violente et déterminante pour l'histoire du Mexique.

Fiche 8 – La mise en place du système colonial : encomiendas et évangélisation

Introduction

Après la chute de Tenochtitlán en 1521, les Espagnols doivent transformer un empire complexe, profondément hiérarchisé et religieusement structuré, en un système colonial efficace. La victoire militaire n'est que la première étape. La consolidation du pouvoir repose sur la mise en place de **structures administratives, économiques et religieuses**, capables de contrôler la population indigène, d'exploiter les ressources et d'assurer la légitimité de la domination espagnole.

Deux piliers majeurs caractérisent ce processus : le **système des encomiendas**, qui organise l'exploitation économique et sociale, et l'**évangélisation chrétienne**, qui cherche à remodeler les croyances et coutumes locales. Ces deux mécanismes sont profondément interconnectés : l'un fournit la main-d'œuvre et les ressources nécessaires, l'autre légitime l'ordre colonial aux yeux des Européens et de certains autochtones convertis.

I. Le système des encomiendas

1. Définition et fondements

L'encomienda est une **institution juridique et économique** qui attribue à un colon espagnol (l'encomendero) le droit de percevoir les tributs d'un groupe indigène en échange de protection et de christianisation.

- Les encomenderos reçoivent **la responsabilité de communautés entières**, souvent plusieurs milliers de personnes, dispersées sur différents villages.

- L'objectif officiel est d'assurer la **protection, la justice et l'instruction religieuse** des populations soumises, bien que dans la pratique, ce système serve surtout à **l'exploitation économique**.

- Le système repose sur une **logique de réciprocité limitée**, où les autochtones doivent fournir du travail ou des biens, tandis que les Espagnols doivent théoriquement les protéger des abus et de la famine.

Ce système constitue l'épine dorsale de la première organisation coloniale, permettant de **maintenir un contrôle sur une population nombreuse avec un nombre limité de colons**.

2. Mise en œuvre et fonctionnement quotidien

L'application pratique des encomiendas varie selon les régions et les encomenderos :

- Les indigènes travaillent dans l'agriculture, l'extraction de minerais, l'artisanat ou la collecte de tributs locaux.

- Les revenus produits sont partagés entre l'encomendero, la Couronne (impôts) et l'entretien des missions religieuses.

- Des abus se multiplient : surcharge de travail, mauvais traitements et famine sont fréquents, conduisant à des **révoltes et résistances locales**.

Quelques points clés :

- Les **troupes espagnoles** utilisent les encomiendas pour sécuriser les zones récemment conquises.

- Les **autorités coloniales** maintiennent un contrôle intermittent, mais souvent limité par la distance et le manque de personnel.

- Le système favorise **l'ascension rapide des conquistadors** dans la hiérarchie coloniale.

3. Conséquences sociales et économiques

L'encomienda transforme profondément la société mexica :

- Elle remplace la hiérarchie mexica par un **ordre colonial centré sur les Espagnols**, mais laisse subsister certaines structures locales pour faciliter le contrôle.

- L'économie devient **exportatrice**, orientée vers la production agricole et minière pour les marchés européens.

- Les communautés indigènes subissent un **choc démographique**, amplifié par les maladies, la guerre et le travail forcé.

II. L'évangélisation chrétienne

1. Objectifs et motivations

La conversion des populations indigènes est un objectif central pour la Couronne et l'Église :

- Assurer la légitimité morale de la conquête et de l'exploitation.
- Supprimer les pratiques religieuses autochtones perçues comme idolâtriques ou dangereuses.
- Intégrer les communautés indigènes dans un **ordre universel chrétien**, hiérarchisé et contrôlé.

Les missionnaires, dominicains, franciscains et augustins, deviennent des acteurs clés dans la mise en place du nouveau système : ils enseignent la religion, réécrivent les coutumes et assurent la **formation des futurs convertis et élites locales**.

2. Méthodes et stratégies

L'évangélisation combine **éducation, assimilation culturelle et coercition** :

- Construction de **églises et couvents** dans les anciens centres cérémoniels.
- Création de **missions rurales** pour atteindre les villages isolés.
- Traduction de textes religieux en langues locales, création d'alphabets et de codex pour faciliter l'enseignement.
- Interdiction progressive des rituels traditionnels, mais certaines pratiques sont tolérées si elles peuvent être intégrées dans la liturgie chrétienne.

Quelques stratégies clés :

- Les fêtes chrétiennes remplacent ou coïncident avec les festivals autochtones pour **faciliter l'acceptation**.

- Les missionnaires utilisent **l'éducation des enfants et la formation des dirigeants locaux** pour assurer la pérennité de la conversion.
- La discipline religieuse renforce également la **stabilité sociale et politique**, essentielle pour le système colonial.

3. Impact culturel et social

L'évangélisation transforme les sociétés indigènes :

- La religion chrétienne devient un **outil de contrôle** et un moyen d'intégration dans l'ordre colonial.
- Elle entraîne la **disparition progressive des croyances traditionnelles** dans les zones fortement contrôlées.
- Les pratiques locales survivent souvent sous forme de **syncrétismes**, combinant éléments autochtones et chrétiens.
- L'éducation religieuse et linguistique forge **une élite locale bilingue**, capable de servir d'intermédiaire entre Espagnols et indigènes.

III. Interdépendance entre encomiendas et évangélisation

Ces deux systèmes sont intimement liés :

- L'encomienda fournit les ressources matérielles nécessaires aux missions et au clergé.
- L'évangélisation légitime le pouvoir des encomenderos en présentant la domination espagnole comme **une obligation morale et divine**.
- Ensemble, ils forment un **système colonial intégré**, permettant aux Espagnols de maintenir leur contrôle sur un territoire vaste et complexe.

Cette interaction entre exploitation économique et conversion religieuse illustre la **stratégie globale des conquistadors**, qui ne se limite pas à la guerre, mais repose sur **l'organisation institutionnelle et culturelle**.

Conclusion

La mise en place des encomiendas et de l'évangélisation crée un **ordre colonial durable**, capable de contrôler la population indigène et d'exploiter les ressources du Mexique pour les décennies suivantes.

Cependant, ce système est **intrinsèquement fragile** :

- Les abus entraînent résistances et révoltes.
- Les épidémies et la diminution démographique limitent la main-d'œuvre disponible.
- Les tensions entre encomenderos, missionnaires et Couronne espagnole montrent les **contradictions internes du système**.

Malgré ces fragilités, cette période pose les bases de la **Nouvelle-Espagne**, combinant exploitation économique, contrôle politique et transformation culturelle, qui façonnera profondément le Mexique colonial.

Fiche 9 – Organisation du vice-royaume de la Nouvelle-Espagne

Introduction

Après la conquête militaire, la stabilité du territoire mexicain repose sur l'**organisation politique, administrative et économique** de la Nouvelle-Espagne. Le vice-royaume, instauré officiellement en 1535, est un mécanisme de contrôle à la fois **centralisé et complexe**, visant à gérer les vastes territoires conquis, à superviser les populations indigènes et espagnoles, à percevoir les tributs et à encadrer la conversion religieuse.

Cette fiche examine en détail **la structure politique, la hiérarchie administrative, l'organisation économique et la gestion sociale** de la Nouvelle-Espagne, ainsi que les défis liés à la gouvernance sur un territoire aussi vaste et hétérogène.

I. Le vice-roi : représentant suprême du roi d'Espagne

1. Pouvoir et fonctions

Le vice-roi est le **représentant direct du roi de Castille**, exerçant un pouvoir quasi absolu sur l'administration, la justice et les affaires militaires :

- Il est chargé de **maintenir l'ordre, percevoir les impôts et gérer les conflits entre colons et populations indigènes**.

- Il supervise les **forces militaires et la défense des frontières**, notamment contre les incursions étrangères et les révoltes locales.

- Il a la responsabilité de **contrôler les élites locales**, notamment les encomenderos et les membres du clergé, afin de maintenir l'autorité royale.

2. Défis et limites du pouvoir vice-royal

Malgré son autorité, le vice-roi doit composer avec plusieurs contraintes :

- Les **distances immenses** compliquent la communication avec la Couronne.

- Les tensions entre autorités civiles, militaires et religieuses exigent un **équilibre constant**.

- Les révoltes indigènes, les conflits entre colons et les crises économiques mettent régulièrement à l'épreuve son pouvoir exécutif.

II. Les institutions administratives

1. L'Audiencia et le Conseil

Pour assister le vice-roi, la cour d'Audiencia joue un rôle clé :

- Elle rend la justice et supervise l'application des lois royales.
- Elle peut servir de contrepoids au pouvoir du vice-roi en cas d'abus.
- Les membres de l'Audiencia proviennent souvent de la **noblesse espagnole ou de fonctionnaires expérimentés**, capables de gérer des affaires complexes concernant les colons et les indigènes.

2. Subdivisions territoriales

La Nouvelle-Espagne est organisée en **gouvernements régionaux** pour faciliter le contrôle :

- Provinces et intendances supervisent la collecte des tributs et la sécurité.
- Les alcaldes et gouverneurs locaux gèrent les affaires quotidiennes, souvent avec une grande autonomie.
- Dans certaines régions reculées, les autorités doivent négocier avec **chefs indigènes ou communautés autonomes** pour assurer la stabilité.

III. Administration économique et exploitation des ressources

1. Les tributs et l'économie indigène

Les populations locales continuent de contribuer à l'économie coloniale à travers les **tributs et le travail forcé** :

- Les villages indigènes versent des impôts en nature ou en travail, qui alimentent les trésors coloniaux.

- Les mines d'argent, comme celles de Zacatecas et Guanajuato, deviennent des centres économiques majeurs, nécessitant **un contrôle administratif strict**.

2. Commerce et circulation

Le vice-roi supervise également le commerce intérieur et extérieur :

- Les ports de Veracruz et Acapulco facilitent **l'exportation vers l'Espagne et les Philippines**, notamment via le commerce transpacifique.
- Les routes intérieures permettent le transport des ressources, mais exigent **protection militaire et surveillance**.
- Le contrôle économique est donc à la fois centralisé (trésorerie royale) et délégué à des intermédiaires locaux.

IV. L'administration sociale et religieuse

1. Encadrement des populations indigènes

Le vice-roi et ses institutions doivent **organiser la vie sociale et religieuse des populations conquises** :

- Les villages sont regroupés en **pueblos de indios**, où l'autorité indigène locale est conservée sous supervision espagnole.
- Les colons et missionnaires travaillent à intégrer les communautés indigènes dans un système chrétien et loyal à la Couronne.
- L'éducation religieuse et l'alphabétisation en espagnol ou en langues locales deviennent des instruments de **contrôle culturel et social**.

2. Le rôle central de l'Église

L'évangélisation est un outil d'administration parallèle :

- Les ordres religieux (franciscains, dominicains, augustins) supervisent les missions et l'instruction des populations.
- Les religieux sont également des **agents d'information et de médiation**, alertant le vice-roi sur les tensions locales et les abus des encomenderos.

- Les églises et couvents deviennent des centres de pouvoir culturel et social, consolidant l'autorité coloniale.

V. Défis et fragilités du système colonial

Malgré une structure complexe et hiérarchisée, le vice-royaume fait face à plusieurs fragilités :

- Les **révoltes indigènes** ponctuelles menacent le contrôle sur certaines régions éloignées.
- Les conflits entre **encomenderos, autorités locales et religieux** nécessitent un arbitrage constant.
- La dépendance aux métaux précieux pour financer l'administration crée **une vulnérabilité économique** face aux fluctuations de production ou aux attaques sur les routes commerciales.

Ces tensions montrent que l'ordre colonial, bien que durable, repose sur un **équilibre précaire entre pouvoir central, forces locales et coopération indigène**.

Conclusion

La mise en place de la Nouvelle-Espagne illustre comment l'Espagne réussit à **transformer un empire conquis en un vice-royaume durable**, capable de gérer à la fois les ressources, les populations et la religion.

- La hiérarchie vice-royale centralise le pouvoir, mais repose sur la **délégation et l'adaptation** aux réalités locales.
- L'interdépendance entre administration politique, économique et religieuse permet de **maintenir l'ordre malgré les tensions et les révoltes**.
- Cette organisation sert de modèle pour d'autres colonies espagnoles et pose les bases du **Mexique colonial** pour les siècles suivants.

Ainsi, la réussite du vice-royaume ne tient pas seulement à la force, mais à la **capacité d'intégrer et de contrôler un territoire immense et culturellement diversifié**, combinant autorité, alliances et instruments culturels.

Fiche 10 – Missions, économie et société coloniale

Introduction

Entre le XVIe et le XVIIIe siècle, la Nouvelle-Espagne s'impose comme l'un des piliers les plus prospères de l'empire espagnol. Mais derrière cette prospérité se cache une réalité plus nuancée : celle d'une société hiérarchisée, construite sur la domination, l'évangélisation et l'exploitation. Les **missions religieuses** participent à l'intégration des populations indigènes dans l'ordre colonial, tandis que l'**économie minière, agricole et artisanale** structure la vie quotidienne. Les **métissages culturels, linguistiques et sociaux** donnent naissance à une société originale, ni totalement européenne, ni totalement indigène : une civilisation coloniale.

I. Les missions religieuses : instruments spirituels et politiques

1. Les ordres missionnaires et leur expansion

Dès les années 1520, les religieux deviennent les véritables pionniers du nouvel ordre colonial. Les franciscains arrivent les premiers (1524), suivis des dominicains, augustins, puis des jésuites. Leur rôle ne se limite pas à la conversion des "âmes païennes" : ils sont aussi **administrateurs, enseignants, médiateurs et planificateurs** du territoire. Les missions deviennent ainsi des lieux de contrôle social, mais aussi de dialogue entre les mondes.

Les moines bâtissent des couvents fortifiés, des églises, des écoles, et organisent des villages modèles. L'objectif est double :

- évangéliser les populations en les regroupant autour de l'église ;
- apprendre aux indigènes à vivre selon un mode de vie chrétien et européen, basé sur le travail régulier, la propriété collective et la discipline religieuse.

Ces villages missionnaires, appelés *reducciones* ou *doctrinas*, permettent d'encadrer la population dispersée et de la soustraire à l'influence des encomenderos. L'Église devient ainsi **un acteur politique et économique** essentiel, parfois en tension avec l'autorité vice-royale.

2. L'évangélisation et les cultures locales

L'évangélisation se fait rarement par la seule contrainte : les missionnaires savent qu'ils doivent **adapter leur message** aux réalités locales. Les premiers franciscains apprennent les langues indigènes — nahuatl, otomi, tarasque — et traduisent les textes religieux. Ils créent des grammaires, des catéchismes, des chants sacrés. Les populations converties participent à la construction d'un nouveau monde religieux : elles sculptent, peignent, chantent, traduisent la foi chrétienne à leur manière.

Dans cette synthèse naît un **christianisme métissé**, où la Vierge de Guadalupe, apparue selon la tradition en 1531 à Juan Diego, devient la figure centrale d'une foi populaire enracinée dans la mémoire préhispanique. Ce processus montre comment la religion coloniale, tout en imposant des structures européennes, s'imprègne des cultures autochtones et crée une spiritualité proprement mexicaine.

3. Les missions du Nord et l'expansion frontalière

Aux XVIIe et XVIIIe siècles, les missions deviennent des **avant-postes de la conquête** dans les zones frontalières : Sonora, Sinaloa, Chihuahua, Basse-Californie. Les jésuites y jouent un rôle capital. Ils organisent les peuples semi-nomades, construisent des écoles et développent l'agriculture irriguée. Mais cette expansion missionnaire rencontre de fortes résistances : dans plusieurs régions, des révoltes indigènes éclatent contre les abus ou la rigidité des missionnaires.

Ces tensions révèlent l'ambiguïté des missions : lieux de protection et d'éducation, mais aussi d'enfermement et de contrôle. Elles préfigurent les fractures sociales qui traverseront tout le Mexique colonial.

II. L'économie coloniale : entre richesse et dépendance

1. L'exploitation minière : le cœur de la richesse coloniale

L'argent constitue le pilier de l'économie de la Nouvelle-Espagne. Dès la découverte des mines de Zacatecas (1546), Guanajuato, puis plus tard de San Luis Potosí, le territoire devient **l'un des centres métalliques les plus importants du monde**. La Couronne espagnole tire de ces exploitations des profits considérables grâce à l'impôt du *quinto real* (le cinquième royal).

Mais cette prospérité repose sur une main-d'œuvre épuisée : les **travailleurs indigènes** sont soumis à des formes de travail forcé, le *repartimiento*, ou contraints à s'engager pour survivre. Les conditions sont terribles : humidité, intoxication au mercure, effondrements fréquents. L'exploitation minière façonne une société inégalitaire et urbaine : de nouvelles villes minières émergent, avec leurs hiérarchies sociales et leurs marchés prospères.

2. L'agriculture et les haciendas

En dehors des mines, l'économie agricole se transforme profondément. Les Espagnols introduisent de nouvelles espèces (blé, vigne, bétail, canne à sucre) et réorganisent la production autour des **haciendas**, vastes domaines où la main-d'œuvre indigène et métisse travaille sous contrat ou endettement. Ces haciendas deviennent des **microcosmes économiques et sociaux**, souvent isolés, où se reproduit l'ordre hiérarchique colonial :

- le propriétaire (hacendado), souvent espagnol ou créole, détient la terre ;
- les ouvriers agricoles vivent dans une dépendance quasi féodale ;
- les intermédiaires religieux assurent la stabilité morale du domaine.

Les campagnes se peuplent lentement d'un nouveau groupe social : les métis ruraux, artisans et travailleurs agricoles, qui formeront le socle de la société mexicaine future.

3. Le commerce et la circulation impériale

L'économie coloniale s'intègre dans un réseau mondial. Le commerce entre Veracruz et Séville relie le Mexique à l'Europe, tandis que le port d'Acapulco ouvre la route vers les Philippines et la Chine. Le fameux **galion de Manille** transporte argent, soieries, porcelaines et épices, reliant pour la première fois les deux rives du Pacifique.

Cette mondialisation précoce enrichit la Nouvelle-Espagne, mais elle la rend aussi dépendante : la colonie exporte ses métaux et ses matières premières, tout en important les produits manufacturés européens. C'est une économie **de drainage**, où la richesse locale profite avant tout à la métropole.

III. La société coloniale : hiérarchie, métissage et pouvoir

1. Une hiérarchie fondée sur la naissance et la couleur

La société coloniale de la Nouvelle-Espagne est l'une des plus hiérarchisées du monde moderne. Au sommet, les **Espagnols nés en métropole (peninsulares)** occupent les postes clés ; viennent ensuite les **Créoles**, descendants d'Espagnols nés en Amérique, riches mais exclus du pouvoir politique. Sous eux se déploie une mosaïque de groupes : **métis, indigènes, Africains libres ou esclaves, mulâtres, castas**. Cette classification sociale, appelée *sistema de castas*, prétend établir un ordre "naturel" entre les races, mais elle révèle surtout les **angoisses d'une société métisse** qui cherche à se définir.

Les mariages mixtes, les échanges culturels et les pratiques religieuses communes brouillent sans cesse les frontières imposées, créant une identité nouvelle : celle du Mexique créole.

2. La vie urbaine et les centres du pouvoir

Les villes sont le cœur battant de la colonie. Mexico, Puebla, Oaxaca, Valladolid (Morelia) ou Guadalajara concentrent le commerce, la culture et l'administration. Les rues pavées, les couvents, les universités et les marchés témoignent d'un raffinement croissant. Les élites urbaines adoptent les modes européennes : vêtements, meubles, musique, théâtre.

Mais à quelques rues de là, les marchés regorgent de produits locaux — cacao, maïs, obsidienne, plumes — et la langue nahuatl continue d'être parlée. La ville coloniale devient le symbole d'un **monde double** : européen dans ses façades, indigène dans ses fondations.

3. L'Église et la culture coloniale

L'Église joue un rôle central dans la vie sociale : elle administre les hôpitaux, les écoles, les confréries et une grande partie des terres. Les ordres religieux rivalisent dans la construction d'églises baroques et de sanctuaires. Mais elle devient aussi **le principal gardien du savoir** : les universités coloniales forment une élite créole cultivée, qui plus tard portera les idéaux d'indépendance.

Dans les arts et les lettres, cette société produit une culture originale, métisse et brillante : architecture baroque, peinture religieuse influencée par les traditions indigènes, littérature mystique. L'écrivain et religieuse **Sor Juana Inés de la Cruz** (XVIIe siècle) incarne cette synthèse : femme, érudite, créole, elle défie l'ordre patriarcal et religieux, tout en exprimant la grandeur intellectuelle du Mexique colonial.

Conclusion

Entre foi et profit, la Nouvelle-Espagne du XVIe au XVIIIe siècle a bâti un **système cohérent, durable, mais profondément inégalitaire**. Les missions ont façonné la spiritualité et l'éducation, mais aussi servi de relais au contrôle colonial. L'économie minière et agricole a assuré la prospérité, tout en appuyant un régime d'exploitation. La société, hiérarchisée et métissée, a créé un monde nouveau où coexistent violence, syncrétisme et créativité.

Cet équilibre, en apparence stable, portait déjà les germes de la contestation : la montée des élites créoles, la misère des communautés rurales, les tensions religieuses et sociales allaient bientôt transformer la Nouvelle-Espagne en **terre de révoltes et d'indépendance**.

Fiche 11 – Les résistances indigènes et les révoltes coloniales

Introduction

La conquête espagnole du Mexique n'a jamais entraîné une soumission totale des peuples autochtones. Derrière la façade de la pacification, la **Nouvelle-Espagne** fut traversée par d'innombrables tensions, affrontements et ajustements. Les indigènes, bien que dominés par la force, ont maintenu des espaces d'autonomie, défendu leurs terres, adapté leurs traditions et opposé aux institutions coloniales une résistance polymorphe. Cette résistance prit des formes variées : révoltes armées, sabotages, négociations juridiques, migrations et même syncrétisme religieux. Loin d'être passives, les communautés indigènes furent des actrices conscientes de leur survie et de la transformation du système colonial.

I. Les logiques de la résistance : entre survie, autonomie et dignité

1. Défendre la terre et l'ordre communautaire

L'élément central de la résistance indigène réside dans la **défense du territoire**. La colonisation imposa de nouvelles structures foncières — **encomiendas**, **repartimientos**, **haciendas** — qui bouleversèrent la possession collective traditionnelle. Les communautés villageoises, liées à des cycles agricoles et à des lieux sacrés, percevaient la terre non comme un simple bien économique mais comme une **entité spirituelle et identitaire**.

Les résistances se sont manifestées :

- Par le refus d'abandonner les champs ancestraux attribués aux colons ;
- Par la reconstitution clandestine de terres communautaires sous d'autres noms ;
- Par des litiges portés devant les tribunaux coloniaux, utilisant le droit castillan pour défendre des pratiques collectives préhispaniques.

L'attachement à la terre explique la longévité des luttes rurales mexicaines, depuis les Caxcanes du XVIe siècle jusqu'aux zapatistes du XXe siècle.

2. Résister à la domination spirituelle et culturelle

La conquête religieuse, menée par les ordres missionnaires, prétendait convertir les indigènes au christianisme, mais ceux-ci ont développé une **résistance culturelle subtile**. Loin de rejeter frontalement la nouvelle religion, beaucoup l'ont intégrée en y insérant leurs symboles anciens : le **culte de la Vierge de Guadalupe** elle-même peut être interprété comme une appropriation indigène du christianisme, fusionnant la déesse Tonantzin et la Vierge Marie.

Les rites chrétiens furent « indigénisés » :

- Fêtes patronales réinterprétées comme cérémonies communautaires anciennes ;
- Prières traduites en nahuatl avec double sens religieux ;
- Processions où les musiques et danses préhispaniques subsistaient sous forme déguisée.

Ainsi, la résistance culturelle devint un espace de survie identitaire, un camouflage sous le langage de la foi imposée.

3. L'exploitation du travail et la résistance économique

Le système colonial reposait sur l'exploitation du travail indigène — dans les champs, les ateliers, les mines. L'imposition de corvées (*repartimientos*) et les abus des encomenderos engendrèrent des formes multiples de résistance économique : absentéisme, ralentissement volontaire, sabotage discret des outils, fuite vers des zones non contrôlées.

Certains villages parvinrent à contourner le système :

- En formant des **réseaux d'échanges autonomes** (marchés locaux non déclarés) ;
- En cachant une partie de leur production pour éviter les tributs ;
- En émigrant collectivement vers les marges frontalières pour échapper à l'impôt.

Ces gestes, minuscules dans l'instant, cumulés sur des décennies, ont miné la rentabilité du modèle colonial et forcé les autorités à multiplier les réformes.

II. Révoltes et insurrections : trois foyers majeurs de résistance

1. La guerre du Mixtón (1540–1542)

L'une des premières révoltes massives de la Nouvelle-Espagne éclate dans la région du **Mixtón**, au nord-ouest du pays. Les **Caxcanes**, soutenus par d'autres peuples (Guachichiles, Tecuexes), refusent la domination des encomenderos et la destruction de leurs temples. Sous la direction de chefs charismatiques, ils parviennent à menacer plusieurs villes espagnoles. Les combats furent d'une rare violence : **les insurgés utilisaient les montagnes comme forteresses naturelles**, tandis que les troupes coloniales menaient une répression brutale, souvent en massacrant les populations entières.

Cette guerre, bien que « perdue » militairement par les indigènes, eut un effet durable : elle obligea les Espagnols à repenser leur stratégie de contrôle, en privilégiant par la suite les **missions franciscaines** et **jésuites** plutôt que la seule force armée.

2. La guerre chichimèque (1550–1590)

Ce long conflit, situé dans le nord du Mexique, est un exemple classique de **résistance frontalière**. Les **Chichimèques**, peuples nomades et semi-nomades, refusaient la colonisation de leurs terres et attaquaient les convois transportant l'argent extrait des mines du nord. Le conflit dura près de quarante ans et coûta extrêmement cher à la Couronne.

Incapables de les vaincre, les Espagnols adoptèrent une politique inédite : la **« guerre d'apaisement »**. On chercha à acheter la paix par des cadeaux, la négociation, et la création de villages mixtes. Cette « pacification douce » montre que la résistance indigène, même armée, pouvait transformer la politique coloniale elle-même.

3. Le soulèvement tepehuán (1616–1620)

Au XVIIe siècle, dans le nord-ouest (Durango, Sinaloa), les **Tepehuanes** se révoltèrent contre les excès missionnaires et les expropriations. Ce mouvement, marqué par un fort **millénarisme religieux**, promettait la résurrection du monde ancien. Les insurgés massacrèrent missionnaires et colons, avant d'être écrasés par une coalition armée coloniale. Mais cette insurrection laissa une trace profonde : elle révéla la **fatigue spirituelle** d'un système religieux qui prêchait la charité tout en tolérant la servitude. Elle contraignit les autorités ecclésiastiques à réviser leurs méthodes d'évangélisation, en réduisant les violences et en formant davantage de missionnaires bilingues.

III. Les résistances non armées : droit, mémoire et ruse

1. Le recours au droit colonial

Paradoxalement, les indigènes surent tirer parti du **cadre juridique espagnol**. Les tribunaux (audiencias, conseils municipaux) offraient des canaux de réclamation.
Des villages envoyèrent des émissaires à Mexico, parfois même à Madrid, pour obtenir des restitutions de terres ou la révocation d'un encomendero. Ces recours légaux ne signifiaient pas la soumission, mais une **stratégie de résistance interne** : utiliser la rhétorique du pouvoir pour protéger leurs intérêts.

2. La résistance par la mémoire et la tradition orale

Les peuples autochtones ont conservé, par la transmission orale et les cérémonies, la mémoire des révoltes et des chefs résistants. Les Caxcanes, les Tarascos, les Otomis ont ainsi préservé leurs récits de luttes, intégrés dans des chants, des fêtes ou des légendes. Cette mémoire collective, transmise clandestinement, constitua une **arme culturelle** : elle empêcha l'oubli, entretint l'esprit de résistance et servit de base symbolique à des mouvements ultérieurs, jusqu'à la Révolution mexicaine.

3. Les espaces de fuite et d'autonomie

Enfin, nombre de communautés ont choisi la **fuite** : refuge dans les montagnes, les forêts, ou au nord du vice-royaume. Ces zones marginales — **Sierra Madre, Sonora, Yucatán profond** — devinrent des espaces d'autonomie, où des groupes métissés (Indiens, esclaves fugitifs, métis libres) recomposèrent des sociétés alternatives. Les autorités coloniales, incapables d'y imposer durablement leur loi, finirent par reconnaître tacitement certaines de ces zones autonomes.

IV. Conséquences politiques et sociales des résistances

1. Réformes du système colonial

Face à la répétition des révoltes, la Couronne espagnole dut adapter sa politique : encadrement plus souple, limitation de la brutalité des encomiendas, multiplication des

villages de mission, surveillance accrue des colons. Ces ajustements n'étaient pas des gestes de bienveillance, mais des réponses à la **pression constante** des résistances indigènes.

2. Émergence d'élites indigènes intermédiaires

Certaines communautés obtinrent des **charges locales** (cacicats, cabildos), ce qui permit à des nobles indigènes d'exercer une influence politique tout en maintenant un lien avec la population. Cette élite métisse, à la fois intégrée et résistante, devint un **acteur clé de la colonie**, notamment dans la gestion de la fiscalité et des litiges fonciers.

3. Héritage durable dans la culture politique mexicaine

La résistance coloniale a forgé une culture politique spécifique : **méfiance envers le pouvoir central, valorisation du local** et **légitimation de la révolte comme défense du droit naturel**. On retrouve ces traits dans les insurrections paysannes du XIXe siècle, dans le zapatisme du XXe et même dans les revendications indigènes contemporaines.

Conclusion

L'histoire coloniale du Mexique ne saurait se réduire à la domination espagnole : elle fut tout autant façonnée par la **résistance quotidienne et organisée** des peuples autochtones. Ces luttes, souvent silencieuses, parfois éclatantes, ont imposé des révisions constantes à l'ordre colonial, influé sur les politiques royales et nourri les traditions d'autonomie et de dignité qui marquent encore la société mexicaine. Les résistances indigènes ne furent pas des échecs : elles furent la matrice d'une culture politique durable, qui a donné au Mexique une conscience historique de la lutte et de la liberté profondément enracinée.

Partie III – L'indépendance et la naissance du Mexique (1810–1857)

Fiche 12 – Les causes de l'indépendance et les révoltes de 1810 (Hidalgo, Morelos)

Introduction

Au début du XIXe siècle, la Nouvelle-Espagne paraît être un territoire stable et prospère du vaste empire espagnol. Les mines de Zacatecas et de Guanajuato enrichissent la Couronne, les grandes haciendas prospèrent, et les villes comme Mexico, Puebla ou Guadalajara brillent par leur dynamisme. Mais sous cette apparente prospérité, les **tensions sociales, raciales et politiques** s'accumulent. Les créoles, bien que riches et instruits, sont exclus du pouvoir ; les indigènes et les métis vivent dans la misère ; les idées venues d'Europe ébranlent la légitimité du roi. Quand, en 1810, le curé Miguel Hidalgo lance son cri de rébellion à Dolores, ces tensions explosent : le Mexique entre dans une guerre longue et tourmentée qui transformera à jamais son destin.

I. Les causes profondes de l'indépendance

1. Les inégalités sociales et raciales

La société coloniale de la Nouvelle-Espagne repose sur une hiérarchie rigide héritée du système de castes. Au sommet se trouvent les **Espagnols nés en métropole** (*peninsulares*), qui monopolisent les postes administratifs, militaires et ecclésiastiques. Juste en dessous, les **créoles** — descendants d'Espagnols nés en Amérique — possèdent richesses et éducation, mais se voient systématiquement exclus des charges politiques.

Plus bas dans la hiérarchie, les **métis, indigènes** et **Africains** subissent discriminations et exploitation. Les communautés indigènes, spoliées de leurs terres depuis des générations, peinent à survivre dans un système qui privilégie les grands domaines et le travail forcé.

Cette injustice permanente nourrit une rancune profonde. Les créoles se sentent humiliés par les privilèges des Espagnols ; les masses populaires, accablées par la misère, rêvent de justice. Cette double frustration — **l'une politique, l'autre sociale** — prépare le terrain à une explosion révolutionnaire.

2. L'influence des idées nouvelles

Les idéaux du XVIIIe siècle, venus d'Europe, pénètrent peu à peu dans les cercles intellectuels mexicains :

- la **philosophie des Lumières** défend la raison, la liberté et l'égalité naturelle des hommes ;
- les **révolutions américaine (1776)** et **française (1789)** montrent que l'autorité monarchique peut être renversée ;
- les écrits de Rousseau, Montesquieu ou Voltaire circulent clandestinement dans les salons de Mexico ou les universités de Valladolid.

Les créoles, formés dans les séminaires et les universités, adoptent ces idées comme une justification morale à leur marginalisation politique. Peu à peu, ils commencent à concevoir la possibilité d'une **nation distincte**, d'un **Mexique libre**, gouverné par ses propres enfants.

3. La crise de la monarchie espagnole

L'élément déclencheur de la crise est extérieur : en 1808, Napoléon envahit l'Espagne et fait abdiquer le roi Ferdinand VII, imposant sur le trône son frère Joseph Bonaparte. Cette usurpation provoque une onde de choc dans tout l'empire. En Espagne, des juntes locales se forment pour résister au pouvoir français, et en Amérique, la question se pose : **à qui obéir désormais ?**

Les autorités coloniales jurent fidélité au roi légitime, mais de nombreux créoles considèrent qu'en l'absence d'un monarque, la souveraineté doit revenir au peuple. C'est une brèche politique décisive : les patriotes mexicains s'emparent de cette confusion pour justifier leurs aspirations autonomistes.

4. Les tensions économiques

Au tournant du XIXe siècle, la Nouvelle-Espagne subit une série de crises économiques. Les guerres napoléoniennes perturbent le commerce avec l'Europe ; les taxes royales augmentent pour financer la défense de la métropole ; les communautés rurales s'appauvrissent.

Les récoltes de maïs connaissent plusieurs années de disette, et la population indigène endure famines et dettes.

Les grands propriétaires créoles, eux, souffrent du manque d'accès aux marchés internationaux. L'économie coloniale, dépendante et inégalitaire, devient un **frein à la prospérité locale**, alimentant le mécontentement de toutes les classes sociales. Quand éclate la révolte de 1810, **c'est à la fois la colère du peuple et la frustration des élites** qui s'expriment.

II. Le déclenchement de la révolte (1810)

1. Le complot de Querétaro

À la veille de 1810, plusieurs groupes de patriotes créoles se réunissent clandestinement dans des villes comme Valladolid ou Querétaro. Ces réunions rassemblent des officiers, des intellectuels et des prêtres. Ils projettent d'organiser un soulèvement général contre les autorités espagnoles pour instaurer une **junte autonome**, fidèle à Ferdinand VII mais indépendante de la métropole.

Parmi eux se distinguent **Miguel Hidalgo y Costilla**, curé de Dolores ; **Ignacio Allende**, capitaine de cavalerie ; et **Josefa Ortiz de Domínguez**, l'épouse du corregidor de Querétaro, qui joue un rôle clé comme messagère du mouvement. Mais le complot est découvert avant son exécution. Plutôt que d'être arrêté, Hidalgo décide d'agir immédiatement.

2. Le Grito de Dolores : naissance d'une révolution

Le 16 septembre 1810, à l'aube, Hidalgo sonne les cloches de son église à Dolores et appelle la population à la révolte. Son cri, resté célèbre sous le nom de **"Grito de Dolores"**, marque le début de l'indépendance mexicaine. Ce n'est pas un discours savamment rédigé, mais un appel vibrant à la liberté et à la justice : il exhorte les habitants à **se dresser contre la tyrannie des Espagnols** et à **défendre la foi et la patrie**.

Très vite, des milliers de paysans, d'artisans et d'indigènes se rallient à lui. Ce soulèvement n'est pas seulement politique : c'est une explosion sociale. Les masses rurales, opprimées depuis des siècles, voient enfin une chance de renverser l'ordre établi.

Les insurgés prennent San Miguel, puis Guanajuato, où le massacre de l'Alhóndiga de Granaditas (octobre 1810) montre la violence de la révolte populaire. Pour la première fois, l'autorité coloniale chancelle.

3. Le mouvement d'Hidalgo : entre idéal et désordre

Malgré son succès initial, le mouvement d'Hidalgo manque d'organisation. Le curé n'a ni stratégie militaire claire, ni projet politique unifié. Ses troupes, composées de paysans sans formation, commettent des excès qui effraient les élites créoles.

Hidalgo avance jusqu'aux portes de Mexico, mais hésite à attaquer. Cette indécision lui coûte la victoire. Repris en février 1811 à Acatita de Baján, il est exécuté quelques mois plus tard à Chihuahua. Sa mort, loin d'éteindre la rébellion, en fait un **martyr** : le prêtre rebelle devient le symbole du Mexique insurgé.

III. José María Morelos : l'organisation de la lutte

1. La continuité de la cause

Après la mort d'Hidalgo, le mouvement ne s'effondre pas. Un autre prêtre, **José María Morelos**, reprend le flambeau. Homme d'origine modeste, mestizo, ancien élève d'Hidalgo, Morelos combine ferveur religieuse et talent stratégique. Son objectif n'est plus seulement de protester contre les injustices, mais de **fonder une nation libre et unifiée**.

2. L'organisation politique et militaire

Morelos comprend que la victoire ne peut venir que d'une organisation solide. Il structure ses armées, impose la discipline et cherche à rallier les élites locales. En 1813, il convoque le **Congrès de Chilpancingo**, véritable assemblée nationale, où il présente le document fondamental des insurgés : les *Sentimientos de la Nación*.

Dans ce texte, il proclame :

- l'indépendance absolue du Mexique vis-à-vis de l'Espagne ;
- la souveraineté du peuple ;
- l'égalité de tous les citoyens, sans distinction de race ;
- la suppression de l'esclavage et des tributs indigènes ;

- la religion catholique comme foi officielle.

Ces principes font de Morelos **le premier théoricien politique du Mexique indépendant**. Sous son commandement, les insurgés contrôlent une large partie du Sud et du Centre du pays.

3. La chute de Morelos et la persistance du mouvement

Malgré ses succès, Morelos doit faire face à la supériorité militaire des royalistes. Traqué, capturé en 1815, il est exécuté, mais son héritage perdure. Ses idées inspireront les générations suivantes de patriotes, jusqu'à la victoire finale de 1821.

Son action marque une étape essentielle : l'indépendance n'est plus seulement un soulèvement populaire, mais une **cause nationale, structurée et idéologique**.

Conclusion

La révolte de 1810 ne fut pas un simple cri contre l'injustice, mais **le point de départ d'une longue transformation historique**. Les inégalités sociales, les discriminations raciales, la crise économique et l'influence des idées nouvelles avaient préparé le terrain d'un changement inévitable. Hidalgo, en soulevant le peuple, donna une voix à la colère populaire ; Morelos, en l'organisant, lui donna un sens.

En une décennie, la Nouvelle-Espagne s'était transformée : d'une colonie fidèle à une monarchie lointaine, elle devenait une nation en gestation. Le rêve d'un **Mexique libre et souverain** venait de naître — un rêve encore fragile, mais impossible désormais à étouffer.

Fiche 13 – L'effondrement du pouvoir espagnol et la guerre d'indépendance (1810–1821)

Introduction

Entre 1810 et 1821, la Nouvelle-Espagne connaît l'un des processus révolutionnaires les plus complexes de l'Amérique latine. Ce n'est pas une guerre linéaire ni un affrontement simple entre patriotes et royalistes, mais une **lutte multiforme**, où se mêlent ambitions politiques, conflits sociaux, rivalités régionales et enjeux religieux. L'effondrement progressif du pouvoir espagnol, d'abord provoqué par la crise métropolitaine puis accéléré par les révoltes internes, ouvre la voie à la construction d'une nation nouvelle. Durant onze ans, le Mexique se déchire, hésite, s'organise et se réinvente. De cette guerre de feu et de contradictions naîtra finalement l'indépendance.

I. Un empire fragilisé : la crise espagnole et ses répercussions américaines

1. La guerre d'Espagne et la désorganisation de la métropole

Lorsque Napoléon envahit l'Espagne en 1808, l'équilibre fragile de l'empire espagnol s'effondre. Le roi Ferdinand VII est déposé, remplacé par Joseph Bonaparte. La péninsule ibérique devient champ de bataille entre les troupes françaises et les résistants espagnols. Ce chaos politique a un effet immédiat sur les colonies : sans autorité claire, **la légitimité du pouvoir colonial est contestée**.

Dans la Nouvelle-Espagne, les vice-rois et les audiences jurent fidélité au roi captif, mais les créoles voient dans cette situation une opportunité. Pour la première fois, il devient concevable de **se gouverner soi-même**, en attendant le retour de la monarchie légitime. Cette ambiguïté — fidélité proclamée mais autonomie revendiquée — crée un vide politique où les idées indépendantistes peuvent s'enraciner.

2. Les juntes américaines et la montée des aspirations autonomistes

Dans toute l'Amérique espagnole, les colonies suivent le même schéma : à Caracas, Buenos Aires, Bogotá, Santiago, des **juntes locales** se forment pour administrer les territoires au nom du roi absent. Au Mexique, ce modèle inspire les patriotes de Querétaro et de Valladolid. Mais la réaction du vice-roi Iturrigaray, puis des autorités espagnoles, est brutale : toute tentative d'autonomie est assimilée à une trahison.

Cette répression alimente le ressentiment des élites locales. L'idée d'un gouvernement créole, d'abord modérée, évolue vers une revendication plus radicale : **celle de l'indépendance complète**. Ainsi, la crise de 1808 ne crée pas la rébellion, mais elle en fournit la légitimité et le cadre idéologique.

II. La guerre populaire (1810–1815) : du soulèvement à la structuration

1. L'élan populaire et ses débordements

La première phase de la guerre, dirigée par Miguel Hidalgo, est marquée par un enthousiasme populaire sans précédent. Des milliers de paysans, d'ouvriers, d'indigènes rejoignent le mouvement. Ce n'est pas seulement un combat politique : c'est une **révolte sociale**, une explosion de colère contre les inégalités et l'oppression.

La prise de Guanajuato, en octobre 1810, illustre la brutalité du conflit. Les insurgés massacrent les Espagnols réfugiés dans l'Alhóndiga de Granaditas — un acte qui, s'il symbolise la revanche des humiliés, effraie aussi les classes aisées. Cette violence spontanée fragilise la cause : les créoles modérés prennent leurs distances, craignant une guerre de classes.

Malgré les premiers succès, les troupes d'Hidalgo, mal organisées, subissent défaite sur défaite. Capturé en 1811, Hidalgo est exécuté, laissant derrière lui un mouvement désordonné mais irréversible.

2. La consolidation sous Morelos : vers un projet national

José María Morelos reprend le flambeau avec un objectif plus clair : transformer la révolte en révolution politique. De 1811 à 1815, il mène une guerre disciplinée, cherchant à unifier les forces insurgées et à donner une structure légale à la rébellion. Son génie réside dans sa capacité à combiner **idéalisme politique et stratégie militaire**.

En 1813, le **Congrès de Chilpancingo** se réunit, sous sa direction, et adopte la déclaration des **Sentimientos de la Nación**, texte fondateur de la pensée politique mexicaine. Ce document, inspiré des principes des Lumières, proclame :

- la souveraineté du peuple ;

- l'indépendance totale vis-à-vis de l'Espagne ;

- l'abolition de l'esclavage et des privilèges de caste ;
- la souveraineté législative nationale.

Sous Morelos, la guerre prend un sens nouveau : elle n'est plus seulement un soulèvement régional, mais une **lutte pour la fondation d'une nation juste et égalitaire**. Les succès militaires dans le Sud (Oaxaca, Acapulco, Chilapa) renforcent cette légitimité. Cependant, la supériorité militaire espagnole et le manque de coordination entre chefs insurgés conduisent à l'arrestation et à l'exécution de Morelos en 1815. Sa mort plonge le mouvement dans une période d'incertitude.

III. L'épuisement et la fragmentation (1816–1820)

1. La répression royaliste

Après la mort de Morelos, le pouvoir espagnol reprend l'avantage. Sous le commandement de Félix María Calleja, les armées royalistes écrasent les foyers de résistance. Les insurgés se réfugient dans les montagnes, les forêts et les zones rurales. La guerre devient **asymétrique** : de grandes batailles laissent place à des escarmouches locales et à une guérilla tenace.

La population civile souffre terriblement : les récoltes sont détruites, les villages pillés, les routes abandonnées. L'économie s'effondre, les mines ferment, les impôts se multiplient. Le pays, ruiné, s'enfonce dans la misère.

La répression ne suffit pourtant pas à restaurer la paix. Chaque village, chaque communauté garde en son sein le souvenir des martyrs, et les **idéaux de liberté** continuent de circuler clandestinement.

2. La résistance des chefs locaux

Même sans coordination centrale, de nombreux chefs poursuivent la lutte :

- **Guadalupe Victoria**, dans le Veracruz, mène une guérilla efficace contre les forces royales.
- **Vicente Guerrero**, fils de métis, incarne la résistance dans le Sud.
- D'autres, comme Pedro Moreno et Mina, continuent le combat au prix de lourds sacrifices.

Guerrero, en particulier, se distingue par sa ténacité et sa vision nationale. Refusant toute reddition, il maintient la flamme révolutionnaire vivante. Cette résistance dispersée prépare paradoxalement la transition suivante : l'alliance entre insurgés et royalistes libéraux.

IV. La convergence des forces et l'indépendance (1820–1821)

1. Le tournant de 1820 : révolution libérale en Espagne

En 1820, une nouvelle révolution éclate en Espagne. Le roi Ferdinand VII, restauré depuis 1814, est contraint de **rétablir la Constitution libérale de 1812**, qui limite son pouvoir absolu.

Cette nouvelle secoue profondément la Nouvelle-Espagne. Les officiers royalistes, jusque-là fidèles au roi, se divisent : certains refusent d'appliquer les réformes libérales dans les colonies, d'autres y voient une menace pour leurs privilèges.

C'est dans ce contexte que **Agustín de Iturbide**, colonel royaliste, se rapproche de **Vicente Guerrero**. Ancien ennemi des insurgés, Iturbide comprend que l'indépendance peut servir à préserver les intérêts des élites tout en mettant fin au chaos. De leur alliance naît un compromis politique inédit.

2. Le Plan d'Iguala et l'union des contraires

En février 1821, Iturbide et Guerrero publient le **Plan d'Iguala**, véritable acte de naissance du Mexique indépendant. Ce texte propose une solution de compromis entre les différentes forces du pays. Ses trois principes — les "**Trois garanties**" — sont :

- **Religion** : maintien du catholicisme comme religion d'État ;
- **Indépendance** : fin du lien colonial avec l'Espagne ;
- **Union** : réconciliation entre créoles et péninsulaires.

Ce plan, habilement formulé, séduit aussi bien les élites que les anciens insurgés. Il promet stabilité, continuité et légitimité. En peu de temps, la plupart des garnisons se rallient à la cause.

3. L'entrée triomphale à Mexico

L'armée des Trois Garanties, dirigée par Iturbide, avance sans rencontrer de résistance majeure. Le 27 septembre 1821, elle entre triomphalement à Mexico : **l'indépendance du Mexique est proclamée**. Après onze ans de guerre, le pays obtient enfin son autonomie politique. Cependant, cette victoire laisse ouvertes de nombreuses questions : quel régime adopter, quelle place pour les classes populaires, comment unir un territoire immense et divisé ? Les réponses, encore floues, feront l'objet des décennies suivantes.

Conclusion

La guerre d'indépendance du Mexique fut à la fois une **guerre de libération nationale** et une **révolution sociale inachevée**. Elle naquit d'un désordre impérial, d'une soif de justice et d'un espoir collectif. Mais elle s'acheva par un compromis entre des forces opposées : les insurgés populaires et les élites créoles.

Si l'indépendance de 1821 ne transforma pas immédiatement la société — les hiérarchies sociales et raciales persistèrent —, elle ouvrit une brèche irréversible dans l'histoire du continent. Pour la première fois, le Mexique devenait **sujet de son propre destin**. Entre la foi des curés insurgés et le pragmatisme des militaires créoles, une nation naissait dans la douleur : fière, contrastée, et profondément consciente de son identité.

Fiche 14 – L'Empire d'Iturbide et les débuts de la République (1821–1835)

Introduction

L'indépendance, proclamée en 1821, n'apporta pas la stabilité que beaucoup espéraient. Après onze années de guerre, la Nouvelle-Espagne — désormais *Mexique* — sortait épuisée : les campagnes étaient ruinées, les finances vidées, les routes impraticables. Le pays devait tout inventer : un gouvernement, une identité, un ordre social nouveau. Mais les divisions qui avaient marqué la guerre — entre élites et peuple, entre conservateurs et libéraux, entre fédéralistes et centralistes — ressurgirent aussitôt.

Dans ce contexte fragile, **Agustín de Iturbide**, héros de l'indépendance, tenta d'imposer une monarchie nationale, inspirée du modèle européen mais adaptée aux réalités mexicaines. Son empire, éphémère, fut bientôt balayé par le vent républicain. Pourtant, cette période de transition (1821–1835) fut décisive : elle posa les fondations — souvent instables — de l'État mexicain moderne.

I. La naissance d'un empire : l'illusion monarchique d'Iturbide (1821–1823)

1. L'ascension d'Iturbide : du général à l'empereur

Agustín de Iturbide, issu d'une famille créole aisée de Valladolid, avait longtemps servi la couronne espagnole avant de se rallier à la cause indépendantiste. Sa conversion, opportuniste pour certains, patriotique pour d'autres, lui valut une immense popularité. Lorsqu'il entra à Mexico en 1821 à la tête de l'armée des Trois Garanties, il fut accueilli comme un libérateur.

Mais l'indépendance ne signifiait pas encore république. Le Plan d'Iguala prévoyait un régime monarchique : un roi espagnol devait monter sur le trône du Mexique. Or, aucun Bourbon n'accepta la couronne. Face au vide politique et sous la pression de ses partisans, Iturbide se fit proclamer **empereur du Mexique**, le 21 juillet 1822, sous le nom d'**Agustín Ier**.

Cette montée fulgurante suscita autant d'enthousiasme que de méfiance. Les élites créoles, soucieuses d'ordre, y voyaient une garantie de stabilité.

Mais les libéraux, héritiers des idéaux de Morelos et de la Constitution de 1812, redoutaient une restauration du despotisme.

Iturbide, malgré son charisme, ne sut pas transformer son prestige militaire en autorité politique durable. Son empire, né dans l'euphorie, allait rapidement s'effondrer.

2. Le gouvernement impérial : faste et désillusion

Le nouvel empereur installa sa cour à Mexico, imitant les usages européens : cérémonies, uniformes, décorations et étiquette rigoureuse. L'objectif était clair : donner à la jeune nation une image de grandeur et de continuité après les ravages de la guerre. Mais cette mise en scène du pouvoir contrastait cruellement avec la misère du peuple.

Le Trésor public, déjà exsangue, fut épuisé par le faste impérial et l'entretien de l'armée. Iturbide tenta d'instaurer des impôts pour financer son régime, mais ceux-ci furent mal acceptés. Les provinces, surtout les plus éloignées comme le Yucatán ou le Nord, refusèrent de verser leurs contributions. L'empire, incapable d'unifier le territoire, sombra rapidement dans la désorganisation.

Politiquement, Iturbide se heurta au Congrès, composé de représentants républicains et libéraux. Les débats portaient sur la répartition des pouvoirs : l'empereur voulait un pouvoir fort, tandis que le Congrès revendiquait sa souveraineté. Les tensions s'aggravèrent lorsque Iturbide décida, en octobre 1822, de **dissoudre le Congrès**, accusé d'obstruction et de trahison. Cet acte autoritaire signa la rupture définitive avec les libéraux.

Quelques mois plus tard, les anciens insurgés, menés par Antonio López de **Santa Anna** et Vicente **Guerrero**, proclamèrent le **Plan de Casa Mata**, exigeant le rétablissement du Congrès et la fin de l'empire. Face à la rébellion et à l'isolement, Iturbide abdiqua en mars 1823, à peine huit mois après son couronnement. Il quitta le Mexique pour l'exil, sans imaginer que son retour lui serait fatal.

II. La République en construction : entre espoirs et chaos (1823–1829)

1. Le Congrès constituant et la naissance de la Fédération

Après la chute d'Iturbide, le Mexique entra dans une période de transition politique. Le pouvoir fut confié à un triumvirat provisoire, tandis qu'un **Congrès constituant** était convoqué pour rédiger la première constitution nationale. Les débats furent vifs : fallait-il une république centralisée ou fédérale ? Les provinces réclamaient l'autonomie, tandis que certains politiciens craignaient la fragmentation du pays.

La **Constitution de 1824** établit finalement une **République fédérale**, inspirée du modèle des États-Unis, mais avec une forte empreinte catholique. Elle prévoyait :

- un **président** élu pour quatre ans ;
- un **Congrès bicaméral** (Sénat et Chambre des députés) ;
- la reconnaissance du **catholicisme comme religion officielle**, sans tolérance pour les autres cultes ;
- une **division du territoire** en 19 États et 4 territoires.

Ce texte marquait une victoire pour les fédéralistes et pour les libéraux modérés. Mais, dans les faits, la fédération restait fragile : les provinces disposaient d'un pouvoir presque excessif, tandis que le gouvernement central manquait de moyens.

2. Les premiers présidents : entre idéalisme et instabilité

Le premier président élu fut **Guadalupe Victoria**, ancien héros de l'indépendance. Homme intègre et patriote, il chercha à stabiliser le pays, à développer l'éducation et à établir des relations diplomatiques. Sous son mandat (1824–1829), le Mexique fut reconnu par les États-Unis et la Grande-Bretagne. Mais la situation intérieure demeurait explosive : finances en ruine, armée indisciplinée, rivalités régionales et coups d'État récurrents.

Les tensions entre **fédéralistes** (favorables à l'autonomie des États) et **centralistes** (partisans d'un pouvoir fort à Mexico) s'aggravèrent. À cela s'ajoutait le rôle croissant de l'armée, dont les officiers, habitués à décider sur le champ de bataille, intervenaient désormais dans la politique nationale.

L'échec de la politique économique, l'inflation et la dépendance vis-à-vis des emprunts étrangers accentuèrent la crise. En 1828, des troubles éclatèrent à Mexico : les partisans de Santa Anna s'opposèrent à ceux du vice-président Gómez Pedraza. Le pays plongea dans un cycle de révoltes militaires et de changements de gouvernement.

III. Santa Anna et la consolidation du pouvoir militaire (1829–1835)

1. Le retour d'Iturbide et son exécution

Ironie tragique, Iturbide tenta de revenir au Mexique en 1824, croyant pouvoir sauver la patrie d'une supposée invasion espagnole. Mais le Congrès, craignant une restauration monarchique, le déclara traître. Arrêté dès son arrivée à Soto la Marina, il fut **fusillé le 19 juillet 1824**. Sa mort symbolisa la fin définitive des illusions monarchiques et l'entrée du Mexique dans l'ère républicaine.

Pourtant, la république qui suivit ne trouva pas la stabilité espérée. L'armée, seul corps vraiment organisé, devint un arbitre du pouvoir. Et parmi ses chefs, un nom allait dominer le XIXe siècle mexicain : **Antonio López de Santa Anna**.

2. Santa Anna, héros et opportuniste

Santa Anna, d'abord libéral et allié des républicains, sut changer de camp au gré des circonstances. En 1829, il repoussa brillamment une tentative d'invasion espagnole à Tampico, s'imposant comme le "sauveur de la nation". Fort de cette gloire militaire, il entra dans le jeu politique, tour à tour défenseur du fédéralisme et partisan d'un pouvoir central fort selon ses intérêts du moment.

Sous son influence, le Mexique connut une succession de présidents éphémères, de constitutions révisées et de pronunciamientos militaires. Chaque faction, chaque État, chaque général revendiquait le droit de rébellion au nom de la souveraineté du peuple. Le pays, encore sans institutions solides, sombra dans un désordre chronique.

3. La crise de 1835 : vers le centralisme autoritaire

En 1835, Santa Anna revint au pouvoir, cette fois en imposant un tournant décisif : **la fin du fédéralisme**. Prétextant le chaos et la désobéissance des provinces, il abolit la Constitution de 1824 et mit en place un régime centralisé. Cette décision, accueillie avec soulagement par certains conservateurs, provoqua la colère d'autres régions, notamment le Texas, qui refusa de reconnaître cette nouvelle autorité. La sécession texane, amorcée à ce moment, annonçait déjà les grandes crises du milieu du siècle.

Sous Santa Anna, la république cessa d'être démocratique pour devenir **un État militaire, instable et autoritaire**, dominé par les luttes personnelles et les rivalités idéologiques.

Conclusion

Entre 1821 et 1835, le Mexique passa de la monarchie à la république, de l'espoir à la désillusion. L'empire d'Iturbide, né du rêve d'unité, sombra faute d'institutions solides et d'une base sociale durable. La république, quant à elle, souffrit d'un excès inverse : la liberté sans ordre, l'idéal sans stabilité.

Cette période, pourtant chaotique, fut essentielle. Elle permit d'expérimenter, de débattre, de forger une conscience politique nationale. Les Mexicains apprirent, à travers les erreurs et les drames, que **l'indépendance ne suffisait pas à créer une nation** : il fallait aussi la justice, l'unité et la légitimité du pouvoir. Les décennies suivantes — marquées par les guerres civiles, la perte du Texas et la Réforme libérale — ne seraient que la prolongation de ce long apprentissage.

Fiche 16 – Perte du Texas et guerre contre les États-Unis (1836–1848)

Introduction

Au lendemain de l'indépendance, le Mexique aspirait à la stabilité, mais l'unité nationale restait fragile. Le pays, vaste, hétérogène et encore marqué par les héritages coloniaux, ne parvint pas à s'accorder sur le type d'État à bâtir. Deux visions s'opposèrent : celle des **fédéralistes**, partisans d'un pouvoir décentralisé fondé sur la souveraineté des États, et celle des **centralistes**, convaincus que seule une autorité forte pouvait maintenir l'ordre et préserver l'intégrité du territoire.

Entre 1835 et 1848, cette rivalité dégénéra en une série de **crises constitutionnelles, de guerres civiles et de sécessions régionales**. Le Mexique connut alors une instabilité politique quasi permanente : constitutions abrogées, coups d'État successifs, présidences éphémères, provinces insurgées. C'est dans cette tourmente que le pays perdit une grande partie de son territoire au profit des États-Unis — conséquence dramatique de ses divisions internes.

I. Le tournant centraliste de 1835 : la fin de la République fédérale

1. Santa Anna, arbitre des factions

Au début des années 1830, Antonio López de **Santa Anna** était devenu l'homme fort du pays. Tour à tour libéral, fédéraliste ou conservateur selon les circonstances, il sut tirer profit des rivalités politiques pour consolider son influence. En 1833, il fut élu président avec le soutien des libéraux, qui espéraient en lui un réformateur. Mais Santa Anna, fatigué de gouverner et préférant la gloire militaire à la gestion quotidienne, laissa le pouvoir à son vice-président, **Valentín Gómez Farías**.

Ce dernier entreprit une série de réformes profondes :

- réduction du pouvoir du clergé et des ordres religieux ;
- laïcisation partielle de l'enseignement ;
- suppression des privilèges ecclésiastiques et militaires (*fuero*).

Ces mesures, inspirées des idéaux libéraux, provoquèrent une réaction violente des conservateurs, du clergé et de l'armée.

Santa Anna, toujours attentif au vent politique, revint alors à Mexico, se présenta comme le défenseur de la tradition et **renversa son propre vice-président**. C'est ainsi qu'il initia le **tournant centraliste de 1835**, en abolissant la Constitution fédérale de 1824.

2. Les "Siete Leyes" : la République centraliste (1836)

Le nouveau régime centraliste fut formalisé en 1836 par la promulgation des **"Siete Leyes Constitucionales"** ("Sept Lois constitutionnelles"). Ces lois refondaient complètement l'État mexicain :

- les **États fédérés** devinrent des **départements** soumis à un pouvoir central à Mexico ;
- le **président** se vit attribuer des pouvoirs étendus, avec un mandat prolongé à huit ans ;
- le **droit de vote** fut restreint aux citoyens possédant un certain revenu ;
- une **"Cour suprême de conservation"** fut créée, chargée de juger la légalité des actes du gouvernement ;
- enfin, le clergé retrouva une influence considérable sur les affaires publiques.

Sur le papier, ce système visait à instaurer l'ordre après des années d'anarchie. En réalité, il renforçait l'autoritarisme et marginalisait les provinces, qui perdaient leur autonomie durement conquise. Les anciennes élites locales — gouverneurs, notables et militaires régionaux — se sentaient trahies. La rupture entre le centre et la périphérie devint alors irréversible.

3. Les réactions régionales : la fracture du territoire

Dans plusieurs régions, la résistance s'organisa. Le Yucatán, le Nuevo León et le Texas refusèrent d'appliquer les *Siete Leyes* et proclamèrent leur indépendance administrative. Les provinces du Nord, éloignées de la capitale, voyaient dans le centralisme une domination injuste exercée par Mexico.

C'est dans ce climat de défiance que la situation du **Texas**, peuplé de colons anglo-américains, prit une tournure explosive. Ces derniers, hostiles à la suppression de l'autonomie locale et à la politique centralisatrice de Santa Anna, décidèrent de se soulever. Le Mexique entrait alors dans une période de rébellions multiples qui allaient bientôt se transformer en désintégration territoriale.

II. Le Texas et les sécessions régionales (1835–1840)

1. La rébellion texane : de Gonzales à San Jacinto

La **révolution du Texas** éclata en 1835, lorsque les colons refusèrent de désarmer face aux troupes mexicaines. Après plusieurs affrontements, ils proclamèrent l'indépendance du **Texas** en mars 1836, sous la direction de **Sam Houston**. Santa Anna, décidé à rétablir l'ordre, mena personnellement une expédition militaire pour écraser la rébellion. La chute de la mission de **l'Alamo**, où tous les défenseurs texans furent massacrés, provoqua une indignation internationale et donna à la cause texane une dimension héroïque.

Mais le triomphe fut de courte durée pour Santa Anna. Le 21 avril 1836, à la **bataille de San Jacinto**, il fut vaincu et capturé. Sous la contrainte, il signa les **traités de Velasco**, reconnaissant de fait l'indépendance du Texas — bien que le gouvernement mexicain ne les ait jamais ratifiés.

Cette défaite humiliante marqua la fin du prestige de Santa Anna et l'amorce du déclin territorial du Mexique. Le Texas, désormais indépendant, allait devenir un enjeu majeur entre les États-Unis expansionnistes et un Mexique affaibli par ses divisions internes.

2. Les soulèvements du Yucatán et du Nord

L'exemple texan fit tache d'huile. Dans le **Yucatán**, région prospère et commerçante, les élites locales refusèrent de reconnaître l'autorité centraliste et proclamèrent une **République indépendante du Yucatán** en 1841. Bien que ralliée temporairement au Mexique, la péninsule conserva une autonomie de fait jusqu'à son intégration définitive dans les années 1840.

Dans le **Nord**, les provinces de **Nuevo León**, **Coahuila** et **Tamaulipas** s'allièrent pour former la **République du Río Grande** (1840). Cette tentative de sécession, bien que rapidement écrasée, montrait l'ampleur du mécontentement face au pouvoir de Mexico.

Ces mouvements révélaient une vérité fondamentale : le Mexique n'était pas encore une nation unifiée, mais un ensemble de régions aux intérêts divergents, souvent plus tournées vers les États-Unis ou la mer des Caraïbes que vers la capitale.

III. L'instabilité chronique et la perte de légitimité politique

1. Le retour du fédéralisme (1846)

Après une décennie de conflits, le régime centraliste s'effondra sous le poids de son impopularité et des défaites militaires. En 1846, un soulèvement libéral mené par José Mariano **Salas** rétablit la **Constitution fédérale de 1824**. Santa Anna, revenu d'exil une fois de plus, fut rappelé pour diriger les armées face à la menace croissante des États-Unis, qui avaient annexé le Texas la même année.

Le fédéralisme, pourtant, ne résolut pas les problèmes de fond : les États restaient jaloux de leurs prérogatives, l'armée continuait d'intervenir dans la vie politique, et les caisses publiques demeuraient vides. La république mexicaine oscillait entre réformes libérales et dérive autoritaire, incapable de construire des institutions solides.

2. L'économie exsangue et la crise sociale

Les guerres civiles successives avaient ruiné le pays. Les routes étaient impraticables, les échanges paralysés, les impôts mal collectés. Le commerce extérieur, autrefois prospère sous la colonie, s'était effondré. Le gouvernement, sans moyens, dépendait des emprunts étrangers — souvent contractés à des conditions désastreuses.

Dans les campagnes, les communautés indigènes furent particulièrement touchées : terres confisquées, travail forcé, marginalisation économique. Les haciendas s'étendirent au détriment des petits propriétaires, accentuant les inégalités sociales. La misère alimentait les révoltes locales et la criminalité rurale, tandis que les élites de Mexico se disputaient le pouvoir dans un climat d'intrigues politiques et de corruption.

3. La désunion face à la menace américaine

Lorsque les États-Unis, guidés par la doctrine du "Destin manifeste", commencèrent à convoiter les territoires du Nord mexicain, le pays était déjà trop divisé pour se défendre efficacement. Les luttes entre fédéralistes et centralistes, entre libéraux et conservateurs, avaient affaibli l'armée et vidé le trésor public.

Au moment où éclata la **guerre américano-mexicaine (1846–1848)**, le Mexique entra dans le conflit sans stratégie, sans cohésion et sans ressources.

La défaite qui s'ensuivit — et le **traité de Guadalupe Hidalgo** de 1848 — coûta au pays près de la moitié de son territoire : la Californie, le Nouveau-Mexique, l'Arizona, le Nevada et le Texas furent perdus à jamais. Cette catastrophe fut le prix politique de quinze années de divisions internes.

Conclusion

Entre 1835 et 1848, le Mexique apprit douloureusement qu'un État sans unité politique est un État vulnérable. Les querelles entre fédéralistes et centralistes, motivées par des idéaux parfois sincères, dégénérèrent en luttes de pouvoir et en désastres territoriaux. Le pays, encore jeune, manquait d'une identité partagée et d'institutions stables pour concilier diversité régionale et cohésion nationale.

Pourtant, cette période de chaos forgea peu à peu une conscience collective : celle d'un peuple déterminé à exister malgré tout. Les guerres, les rébellions et les défaites servirent de leçon amère — la **nécessité d'un État fort, mais juste**, capable de représenter toutes les régions sans les écraser. C'est sur ces ruines que s'ouvrirait, dans les années 1850, l'ère des **Réformes libérales**, prélude à la modernisation du Mexique.

Fiche 17 – Les réformes libérales et la Constitution de 1857

Introduction

Au lendemain des pertes territoriales et de la guerre contre les États-Unis (1836–1848), le Mexique entrait dans une période de réflexion profonde sur son organisation politique et sociale. Les républiques centrales et fédérales avaient échoué à stabiliser le pays. Les fractures régionales et les divisions entre conservateurs et libéraux rendaient tout projet national difficile.

C'est dans ce contexte que se dessinèrent les **réformes libérales**, destinées à moderniser le Mexique, réduire l'influence de l'Église et créer un État fort, mais fondé sur des principes démocratiques et égalitaires. La **Constitution de 1857** incarne l'aboutissement de ces efforts : elle introduit un cadre légal moderne, affirme les droits individuels et cherche à résoudre les contradictions qui avaient mené le pays à la défaite et à la désunion.

I. Les fondements des réformes libérales

1. Les idéaux des libéraux

Les libéraux mexicains, influencés par les Lumières, le libéralisme européen et l'expérience américaine, considéraient que l'autorité de l'État devait primer sur les pouvoirs particuliers :

- l'Église catholique, qui possédait de vastes terres et exerçait un pouvoir moral et économique considérable ;

- l'armée, souvent garante d'un ordre politique instable ;

- et les élites locales, qui s'opposaient à la centralisation et au contrôle légal.

Leur objectif était de construire un État moderne capable d'assurer la justice, la sécurité et le développement économique pour tous les citoyens, tout en limitant les privilèges hérités de la colonisation et de l'Empire espagnol.

2. Conflit avec les conservateurs

Les conservateurs, attachés à l'ordre ancien et au rôle central de l'Église, virent dans ces réformes une **attaque contre l'identité nationale et la tradition catholique**. Ils considéraient que la société mexicaine devait rester hiérarchisée, avec un clergé puissant garant de la morale publique et des structures locales respectées.

Le conflit entre libéraux et conservateurs allait durer près d'une décennie, débouchant sur une **guerre civile majeure** connue sous le nom de **Guerre de Réforme (1858–1861)**.

II. Les principales mesures des réformes libérales

1. La séparation de l'Église et de l'État

Les réformes visaient d'abord à réduire l'influence de l'Église :

- **La loi Lerdo (1856)** : elle obligeait les corporations religieuses et civiles à vendre leurs terres non directement utilisées, permettant ainsi de redistribuer les terres aux particuliers et de stimuler l'économie rurale ;

- **La loi Juárez (1855)** : elle supprimait les privilèges judiciaires et fiscaux du clergé et de l'armée, les plaçant sur un pied d'égalité avec les citoyens ordinaires ;

- **La liberté religieuse et civile** : l'État s'arrogeait désormais le contrôle des registres civils, des mariages et des successions, jusque-là gérés par l'Église.

Ces mesures provoquèrent une résistance féroce, notamment dans les provinces fortement catholiques, mais elles jetèrent les bases d'un État moderne, laïc et égalitaire devant la loi.

2. Réformes économiques et sociales

Les libéraux comprenaient que le développement économique nécessitait une modernisation radicale :

- création d'un **système fiscal centralisé**, capable de financer l'État sans dépendre des provinces ;

- encouragement de l'**entrepreneuriat privé**, notamment dans l'agriculture et l'industrie ;

- suppression des **barrières commerciales internes**, afin de créer un marché national unifié ;

- amélioration des infrastructures : routes, chemins de fer, ports et télégraphes pour relier les provinces et faciliter le commerce.

L'objectif n'était pas seulement économique : il s'agissait aussi de renforcer l'unité nationale et de réduire la dépendance aux puissances étrangères.

3. Droits individuels et constitutionnalisation

La **Constitution de 1857** codifiait les libertés et les droits des citoyens :

- liberté d'expression et de presse ;

- égalité devant la loi, suppression des privilèges corporatifs ;

- droit à la propriété privée, mais avec un contrôle de l'État sur l'usage abusif ;

- suppression de l'esclavage, qui était encore pratiqué dans certaines régions.

Ces avancées étaient révolutionnaires pour l'époque, mais leur application fut entravée par la résistance conservatrice et le manque d'institutions efficaces dans les provinces.

III. Mise en œuvre et résistances

1. La guerre civile : la Guerre de Réforme (1858–1861)

Le conflit entre libéraux et conservateurs éclata ouvertement après la promulgation de la Constitution :

- les conservateurs installèrent un gouvernement parallèle à Mexico, refusant de reconnaître l'autorité libérale ;

- les provinces du Nord et du Centre se divisèrent entre soutien aux libéraux ou aux conservateurs ;

- la guerre mobilisa l'armée, les milices locales et des mercenaires étrangers.

Malgré les revers militaires initiaux, les libéraux réussirent à consolider leur pouvoir grâce à :

- un leadership efficace de figures comme **Benito Juárez**, président en exil temporaire ;
- le contrôle progressif des ressources économiques ;
- le soutien des populations urbaines favorables aux réformes.

2. Réformes institutionnelles et administration

Pendant la guerre, les libéraux mirent en place des institutions pour garantir la continuité de l'État :

- réorganisation de l'administration fiscale et judiciaire ;
- centralisation de l'armée sous commandement loyal au gouvernement légal ;
- création d'un système éducatif public et laïc, destiné à former une nouvelle génération de citoyens éclairés.

Ces mesures, bien que partielles et contestées, démontraient la volonté libérale de construire un État moderne capable de survivre à la guerre et de préparer le pays pour l'avenir.

IV. Bilan et conséquences

1. Stabilisation politique et modernisation

La victoire libérale en 1861 permit la consolidation de la Constitution de 1857. Le Mexique sortit affaibli mais modernisé :

- l'État central disposait désormais d'une légitimité accrue ;
- l'influence de l'Église et des élites traditionnelles fut considérablement réduite ;
- les droits civils et laïcité posaient les bases de la société contemporaine.

2. Limites et défis persistants

Cependant, les réformes libérales ne résolurent pas tous les problèmes :

- les divisions régionales restaient fortes ;
- les élites conservatrices continuaient de chercher des soutiens étrangers pour renverser le gouvernement ;
- l'économie rurale, bien que réformée, demeurait fragile et dépendante de marchés extérieurs.

Ces limites allaient rapidement être testées par l'**intervention française et le Second Empire de Maximilien (1862–1867)**, qui tentèrent de rétablir un ordre conservateur en contradiction avec les principes libéraux.

Conclusion

La période des réformes libérales et la Constitution de 1857 marquent un **tournant fondamental dans l'histoire du Mexique**. Bien qu'accompagnées de guerres civiles et de résistances féroces, ces réformes établissent :

- un **État laïc et centralisé**, capable de protéger ses citoyens ;
- des **droits civils et politiques codifiés**, instaurant l'égalité devant la loi ;
- des **fondations économiques et institutionnelles** pour moderniser le pays.

La victoire des libéraux, malgré ses coûts humains et matériels, pose les jalons de la **République mexicaine moderne**, dont les idéaux allaient inspirer les générations suivantes et permettre la reconstruction nationale après la tourmente du XIXe siècle.

Partie IV – Guerres, empire et réformes (1857–1876)

Fiche 18 – La guerre de Réforme (1858–1861)

Introduction

La guerre de Réforme (1858–1861) représente l'un des conflits les plus décisifs du XIXe siècle mexicain. Elle oppose les **libéraux**, partisans d'un État moderne, laïc et centralisé sur des bases constitutionnelles, aux **conservateurs**, attachés à l'ordre ancien, au rôle prépondérant de l'Église et au maintien des privilèges des élites.

Cette guerre n'est pas seulement militaire : elle est aussi **idéologique, sociale et institutionnelle**. Elle naît de l'adoption de la **Constitution de 1857**, qui codifie les droits individuels, affirme la laïcité et remet en cause les privilèges du clergé et de l'armée. Pour comprendre la guerre de Réforme, il faut saisir à la fois :

- la fragilité de l'État mexicain après l'indépendance et la guerre contre le pays voisin : les États-Unis ;
- la tension entre visions libérales et conservatrices de la société ;
- les divisions régionales et les ambitions personnelles des chefs militaires.

Ce conflit allait façonner durablement la politique mexicaine et préparer le terrain pour les grandes réformes de la seconde moitié du XIXe siècle.

I. Contexte et origines du conflit

1. La Constitution de 1857 : un catalyseur

Promulguée le 5 février 1857, la Constitution de 1857 représentait une rupture radicale avec l'ordre colonial et centraliste précédent.
Elle affirmait :

- la **séparation de l'Église et de l'État** ;
- l'abolition des **privilèges militaires et ecclésiastiques** (*fueros*) ;
- la garantie des **droits civils et individuels**, y compris la liberté de presse, de religion et de propriété ;

- la création d'un **État fédéral moderne**, avec des institutions centralisées mais respectant l'autonomie locale.

Pour les libéraux, ces mesures étaient indispensables pour moderniser le Mexique et le faire entrer dans le XIXe siècle. Pour les conservateurs, elles constituaient une **attaque frontale contre la tradition, la religion et l'ordre social**. Le pays, déjà divisé par les guerres civiles précédentes et les tensions régionales, était prêt à basculer dans un conflit ouvert.

2. Les factions en présence

Le conflit oppose principalement :

- **Les libéraux**, menés par **Benito Juárez**, président constitutionnel en exil à Veracruz.
    - Ils représentent les forces progressistes de la société : jeunes intellectuels, commerçants, certaines élites urbaines et provinces du centre et du sud.
    - Leur objectif : instaurer un État laïc, centralisé, capable de réduire les privilèges de l'Église et de moderniser l'économie et l'administration.
- **Les conservateurs**, dirigés par Félix Zuloaga, Miguel Miramón et d'autres chefs militaires.
    - Ils défendent l'ordre ancien : le clergé, les propriétaires terriens traditionnels et les militaires bénéficiaires de privilèges.
    - Leur but : préserver le rôle central de l'Église, limiter le pouvoir du président et maintenir la hiérarchie sociale héritée de la colonisation.

Cette polarisation idéologique se traduit par la création de **deux gouvernements concurrents**, chacun revendiquant la légitimité nationale. Le Mexique devient un État biface : Mexico, tenue par les conservateurs, et Veracruz, siège du gouvernement libéral de Juárez.

II. Déroulement militaire de la guerre

1. Les premières campagnes (1858–1859)

Le conflit débute véritablement en décembre 1857, lorsque les conservateurs tentent de renverser le président Juárez après la promulgation de la Constitution. Les combats se concentrent principalement sur :

- le **centre du pays**, autour de Mexico et Puebla ;
- le **nord et l'est**, où les provinces hésitent entre loyauté au gouvernement libéral ou au gouvernement conservateur ;
- les ports de Veracruz et Tampico, stratégiques pour les approvisionnements et le soutien international.

Les premières batailles révèlent :

- l'inexpérience de certaines milices libérales, mal équipées et dispersées ;
- l'efficacité des troupes conservatrices dans les zones urbaines, utilisant la population locale comme soutien ;
- l'importance des alliances régionales et du contrôle des voies de communication pour maintenir une armée viable.

Malgré ces difficultés, Juárez et ses alliés réussissent à **maintenir un gouvernement fonctionnel à Veracruz**, ce qui permet de poursuivre la guerre et de consolider leur légitimité.

2. L'évolution stratégique et les fronts secondaires

Au fil de la guerre, le conflit se complexifie :

- **Front du centre** : autour de Mexico, les combats alternent entre sièges, escarmouches et occupations temporaires. Les conservateurs dominent souvent la capitale, mais ne peuvent étendre leur contrôle efficacement.

- **Front du nord** : dans les États de Zacatecas, San Luis Potosí et Guanajuato, les libéraux mobilisent des forces locales, réussissant à résister et à maintenir des lignes de ravitaillement.

- **Front du sud** : Oaxaca et Veracruz servent de bases logistiques aux libéraux, permettant l'importation d'armes et de fournitures grâce aux ports ouverts sur l'Atlantique.

L'usage de stratégies de guérilla, de mobilisations populaires et d'alliances avec les élites régionales démontre la complexité d'un conflit où **la victoire militaire dépend autant de la logistique et du soutien civil que des batailles rangées.**

3. Interventions étrangères et soutien

Bien que la guerre soit interne, elle attire rapidement l'attention des puissances étrangères :

- **Les États-Unis** observent attentivement, souhaitant éviter une instabilité qui pourrait menacer leurs intérêts économiques au Texas et dans le nord mexicain.

- **La France et l'Angleterre**, intéressées par la dette mexicaine et le commerce, offrent des appuis financiers et diplomatiques, oscillant entre conservateurs et libéraux selon leurs intérêts.

Ces interventions indirectes influencent les ressources disponibles pour les deux camps et ajoutent une dimension internationale au conflit civil.

III. Les conséquences politiques et institutionnelles

1. Consolidation libérale et victoire de Juárez (1861)

Après trois années de combats intenses, les forces libérales remportent une victoire décisive :

- le gouvernement conservateur est dissous ;

- Miguel Miramón et ses partisans sont contraints de fuir ou de capituler ;

- Benito Juárez entre triomphalement à Mexico et réaffirme l'application de la Constitution de 1857.

Cette victoire marque la **prédominance des libéraux** et prépare les réformes ultérieures qui moderniseront l'État mexicain :

- centralisation du pouvoir exécutif ;
- mise en place d'institutions fiscales et judiciaires uniformes ;
- renforcement de l'autorité civile sur l'armée.

2. Les transformations sociales et économiques

La guerre de Réforme a des effets profonds sur la société :

- les **réformes agraires**, déjà initiées par les lois Lerdo, commencent à redistribuer les terres et à réduire le pouvoir économique du clergé ;
- la **modernisation de l'administration** facilite la collecte des impôts et la gestion des infrastructures ;
- la **laïcisation progressive de l'État** crée un espace pour l'éducation publique et la participation citoyenne.

Cependant, la guerre laisse également des traces durables : destruction des villages, ruine des campagnes et appauvrissement des populations locales, surtout dans les régions où les combats furent les plus intenses.

3. Limites et héritage du conflit

Malgré la victoire libérale, le pays reste fragile :

- divisions régionales persistantes ;
- endettement massif et économie affaiblie ;
- l'armée, bien que réorganisée, reste politisée et instable.

Ces limites expliquent en partie pourquoi, seulement un an plus tard, le Mexique sera confronté à **l'intervention française et au Second Empire de Maximilien**, qui tenteront de rétablir un régime conservateur soutenu par des puissances étrangères.

Conclusion

La guerre de Réforme (1858–1861) constitue **un moment fondateur de l'histoire mexicaine**.

- Elle consacra la **primauté de la Constitution de 1857** et la victoire des principes libéraux sur les forces conservatrices ;
- Elle initia des transformations durables dans l'État, la société et l'économie mexicains ;
- Elle forgea un État laïc et centralisé, capable de résister aux pressions internes et externes.

Néanmoins, le conflit laissa le pays profondément meurtri et fragilisé, ouvrant la voie à de nouvelles crises et interventions étrangères. La guerre de Réforme fut donc **à la fois une victoire politique et un avertissement sur la fragilité d'un État jeune**, dont la cohésion dépendrait désormais de la consolidation des institutions et de la modernisation sociale et économique.

Fiche 19 – L'intervention française et le Second Empire de Maximilien (1862–1867)

Introduction

Après la victoire des libéraux dans la guerre de Réforme (1858–1861), le Mexique sort affaibli : finances ruinées, économie fragile et divisions politiques persistantes. Benito Juárez, président libéral, hérite d'un État centralisé mais pauvre et d'un pays traumatisé par des décennies de guerres civiles et de pertes territoriales, notamment le Texas et la Californie.

En parallèle, la dette extérieure accumulée auprès de **France, Espagne et Royaume-Uni** devient insoutenable. Lorsque Juárez suspend le paiement des créances étrangères en 1861, il déclenche **un enchaînement de crises diplomatiques et militaires**, qui conduira à l'une des interventions les plus spectaculaires de l'histoire mexicaine : la venue d'un empire européen au cœur de l'Amérique latine.

I. Causes et déclenchement de l'intervention

1. La dette extérieure et les ambitions françaises

Le Mexique doit des sommes considérables à plusieurs puissances européennes, en particulier la France. Napoléon III voit dans la crise mexicaine une **opportunité stratégique** :

- étendre l'influence française en Amérique latine ;
- créer un État satellite favorable aux intérêts commerciaux et géopolitiques de la France ;
- instaurer un régime monarchique capable de rivaliser avec les États-Unis, alors absorbés par la guerre de Sécession.

L'intervention française ne se limite donc pas à la récupération des dettes : elle s'inscrit dans un **projet impérial ambitieux**, justifié par Napoléon III comme une mission civilisatrice, mais motivé par des intérêts économiques et politiques.

2. L'échec de la diplomatie et l'invasion militaire

Les tentatives diplomatiques échouent rapidement :

- les négociations pour un règlement pacifique de la dette sont rejetées par le gouvernement libéral mexicain ;
- l'envoi conjoint de troupes françaises, espagnoles et britanniques en 1862 vise d'abord à protéger les créanciers.

Très vite, les Britanniques et les Espagnols se retirent, jugeant l'aventure trop risquée, laissant **les Français seuls face au Mexique**. L'armée française, bien équipée et expérimentée, avance alors vers Mexico, affrontant des forces mexicaines dispersées et encore marquées par les conflits internes.

II. Déroulement de l'intervention

1. Les premières batailles et la résistance mexicaine

La première grande confrontation a lieu à **Puebla le 5 mai 1862**, où une armée mexicaine sous le commandement de **Ignacio Zaragoza** inflige une sévère défaite aux troupes françaises. Cette victoire symbolique, commémorée aujourd'hui comme le **Cinco de Mayo**, démontre que le Mexique, malgré sa faiblesse, peut résister avec détermination.

Cependant, cette résistance est temporaire :

- les renforts français arrivent en grand nombre ;
- l'armée mexicaine manque d'armes modernes, de munitions et de coordination ;
- certaines régions restent neutres ou accueillent les troupes françaises avec bienveillance, notamment dans le centre du pays.

2. Installation de Maximilien et proclamation de l'Empire

Napoléon III décide alors d'installer une figure européenne pour asseoir son autorité : **Maximilien de Habsbourg**, archiduc autrichien, est choisi pour devenir empereur du Mexique.

- Il accepte à contrecœur, convaincu par Napoléon III que son règne pourrait introduire la modernité et les réformes sociales.

- Le 10 avril 1864, il entre dans Mexico, proclamé **Empereur Maximilien Ier** avec l'appui des conservateurs mexicains et de certaines élites françaises.

Maximilien tente alors de concilier modernisation et respect des traditions :

- il maintient certaines institutions républicaines, crée un corps administratif centralisé et tente de moderniser l'agriculture et l'éducation ;

- il s'oppose à l'esclavage et soutient certaines réformes sociales, mais échoue à obtenir le soutien massif de la population, notamment des paysans et des libéraux.

3. La résistance libérale et la guerre prolongée

Benito Juárez et les forces libérales se retirent dans le nord et l'ouest du pays, lançant une **guerre de guérilla prolongée**.

- L'objectif : affaiblir les forces impériales, couper leurs lignes de ravitaillement et maintenir la légitimité de la République mexicaine.

- Les combats alternent entre escarmouches rurales, sièges de villes et attaques ciblées contre les garnisons françaises et impériales.

Cette guerre asymétrique démontre la capacité de **résilience mexicaine** et la faiblesse du pouvoir impérial, dépendant entièrement de l'appui militaire français.

III. Maximilien et ses réformes

1. Modernisation administrative et justice

Maximilien, malgré sa position fragile, tente de :

- centraliser l'administration et rationaliser la fiscalité ;

- renforcer le système judiciaire pour protéger les droits civils ;

- introduire des réformes éducatives, créant des écoles publiques laïques dans les principales villes.

Ces mesures, progressistes sur le papier, se heurtent à la résistance de la population et des élites locales, qui voient en elles une **imposition étrangère**.

2. Politique sociale et économique

Maximilien cherche également à moderniser l'économie mexicaine :

- protection des droits fonciers pour les paysans ;
- encouragement à l'investissement étranger dans les mines, les chemins de fer et l'agriculture ;
- tentative de réforme de l'armée pour la rendre plus efficace.

Mais ces efforts restent limités par le manque de soutien populaire et l'opposition continue des libéraux.

IV. La chute de l'Empire

1. La pression internationale et américaine

La fin de la guerre de Sécession aux États-Unis permet à Washington de **soutenir Juárez**, réaffirmant la doctrine Monroe.

- Les États-Unis fournissent un appui matériel et politique aux forces républicaines ;
- Napoléon III, confronté à la pression diplomatique et aux coûts financiers croissants, décide de **retirer ses troupes** progressivement à partir de 1866.

Cette décision affaiblit irréversiblement le pouvoir de Maximilien.

2. Capture et exécution de Maximilien (1867)

En 1867, après une dernière résistance acharnée à **Querétaro**, Maximilien est capturé par les forces républicaines dirigées par **Porfirio Díaz** et Benito Juárez.

- Les libéraux décident de l'exécution pour montrer que le Mexique défendra sa souveraineté contre toute ingérence étrangère.
- Son décès symbolise la fin de l'aventure impériale et la victoire définitive des forces libérales.

Cette fin tragique laisse une **empreinte durable** sur la mémoire mexicaine et constitue un avertissement aux puissances étrangères concernant les limites de l'intervention en Amérique latine.

V. Conséquences politiques et sociales

1. Renforcement de la République

La chute de l'Empire consolide le pouvoir de **Benito Juárez** et des libéraux.

- La Constitution de 1857 est définitivement appliquée ;
- L'État central devient l'autorité légitime sur tout le territoire ;
- L'armée est réorganisée sous contrôle républicain.

Le Mexique affirme ainsi sa souveraineté face aux interventions étrangères, renforçant son identité nationale et son autorité institutionnelle.

2. Héritage et modernisation

Malgré l'échec de l'Empire :

- les réformes introduites par Maximilien, notamment dans l'administration et l'éducation, servent de modèles pour les réformes ultérieures ;
- l'expérience impériale renforce la conscience nationale mexicaine, notamment l'idée que **la souveraineté et l'unité nationale doivent primer sur les intérêts étrangers** ;
- les divisions régionales et sociales, toutefois, continuent d'exister, préparant les réformes du Porfiriat et la modernisation économique de la fin du XIXe siècle.

Conclusion

L'intervention française et le Second Empire de Maximilien (1862–1867) furent bien plus qu'une guerre militaire : elles furent **un affrontement idéologique, social et international**.

- La tentative d'imposer un régime monarchique européen échoue face à la résistance républicaine, au nationalisme mexicain et à la pression américaine.

- Les libéraux, victorieux, consolident les institutions modernes et renforcent la souveraineté nationale.

- Le conflit laisse cependant un Mexique affaibli économiquement et socialement, mais avec un **État plus centralisé et une conscience nationale plus forte**, fondations de la République moderne.

Cette période illustre parfaitement comment le Mexique, confronté à des crises internes et externes majeures, a su combiner résistance locale, leadership politique et réformes institutionnelles pour survivre et se reconstruire.

Fiche 20 – La République restaurée sous Benito Juárez (1867–1872)

Introduction

En 1867, après la chute du Second Empire de Maximilien, le Mexique émerge d'une décennie de conflits intenses : guerre de Réforme, interventions étrangères, occupation impériale et combats civils. La **République restaurée** marque une période cruciale où le pays doit :

- consolider les institutions républicaines ;
- restaurer l'ordre et la légitimité de l'État ;
- relancer l'économie et renforcer l'unité nationale.

Benito Juárez, symbole du libéralisme mexicain et président constitutionnel, devient le chef incontesté de ce processus. Son objectif est double : imposer la **Constitution de 1857** sur l'ensemble du territoire et moderniser le Mexique tout en stabilisant un pays profondément divisé politiquement, socialement et économiquement.

I. Consolidation politique et légale

1. La réaffirmation de la Constitution de 1857

La victoire libérale a permis de restaurer la Constitution de 1857, mais sa mise en œuvre sur l'ensemble du territoire reste complexe :

- dans certaines provinces, l'autorité centrale est encore contestée par des élites locales conservatrices ;
- la laïcité de l'État, bien que proclamée, se heurte aux traditions religieuses profondément ancrées dans la société ;
- l'application des réformes agraires et la redistribution des terres se heurte à la résistance des grands propriétaires et du clergé.

Juárez et son gouvernement mettent en place un **cadre juridique centralisé**, renforçant l'autorité présidentielle, uniformisant l'administration et consolidant le système judiciaire.

2. Stabilisation de l'État et des institutions

Le gouvernement de Juárez s'attache à reconstruire l'État après des années de conflits :

- **Réorganisation de l'armée** : elle est placée sous le contrôle direct de l'État républicain, neutralisant les factions militaires autonomes qui avaient souvent déstabilisé les gouvernements précédents.

- **Administration centrale** : Juárez rationalise les ministères, établit des procédures administratives uniformes et renforce la perception de l'État comme garant de l'ordre et de la loi.

- **Justice et égalité** : les tribunaux sont modernisés pour appliquer la Constitution de 1857, protégeant les droits civils et la propriété, même si les disparités régionales demeurent.

Ces mesures sont essentielles pour transformer un État affaibli et fragmenté en une république fonctionnelle et stable.

II. Réformes économiques et sociales

1. Relance économique après la guerre

La décennie précédente a ruiné l'économie mexicaine : plantations, mines et infrastructures ont souffert des combats et des occupations étrangères. Pour relancer le pays, le gouvernement libéral :

- encourage le **commerce national et international**, en rétablissant les relations avec les puissances européennes et les États-Unis ;

- investit dans la **reconstruction des infrastructures** : routes, ponts, ports et chemins de fer pour relier les provinces et stimuler l'activité économique ;

- tente de réformer l'agriculture, en redistribuant partiellement les terres confisquées aux corporations religieuses et en soutenant l'émergence d'une classe paysanne indépendante.

Ces efforts posent les bases d'une économie plus diversifiée et intégrée, préparant le Mexique aux transformations ultérieures du Porfiriat.

2. Éducation et modernisation sociale

Juárez, fidèle aux idéaux libéraux, considère l'éducation comme un instrument clé de modernisation :

- développement d'un **système éducatif public et laïc** pour former une nouvelle génération de citoyens éclairés ;
- création d'écoles primaires et secondaires dans les principales villes et certains villages stratégiques ;
- promotion des sciences et de la culture pour réduire l'influence de l'Église sur l'enseignement et diffuser les valeurs républicaines.

Ces mesures visent à renforcer la cohésion nationale et à préparer la société mexicaine à une participation active dans un État moderne.

III. Gestion des tensions internes

1. Résistance conservatrice et menaces internes

Même après la victoire, les forces conservatrices restent actives :

- certaines provinces, notamment dans le centre et le sud, continuent de soutenir des anciens partisans impériaux ;
- des complots visant à renverser Juárez se multiplient, obligeant le gouvernement à maintenir une vigilance constante ;
- les tensions entre fédéralistes et centralistes persistent, remettant en cause l'unité administrative et politique du pays.

Pour y répondre, Juárez mise sur :

- la force de l'armée centralisée ;
- la négociation avec certaines élites locales ;
- la consolidation de la légitimité républicaine grâce à l'application cohérente de la Constitution.

2. Réconciliation et gouvernance

Juárez tente également une approche de **réconciliation nationale** :

- maintien de certaines élites locales dans l'administration pour assurer la stabilité ;
- encouragement au dialogue entre factions modérées ;
- adoption de mesures sociales limitées pour répondre aux besoins immédiats des populations rurales et urbaines.

Cette approche pragmatique permet de réduire les tensions internes tout en affirmant le pouvoir central et la légitimité républicaine.

IV. Relations internationales et souveraineté

1. Consolidation de la souveraineté

Après le retrait des troupes françaises, le gouvernement de Juárez doit réaffirmer la **souveraineté nationale** :

- gestion des relations avec les États-Unis, notamment après la guerre de Sécession ;
- négociation avec l'Europe pour le remboursement de la dette sans compromettre l'indépendance du Mexique ;
- défense des frontières et des ports contre les ingérences étrangères potentielles.

Ces efforts contribuent à renforcer la position du Mexique sur la scène internationale et à affirmer son autonomie après des années de vulnérabilité.

2. Préparation à la modernisation future

La République restaurée prépare également le terrain pour le **Porfiriat** :

- centralisation et rationalisation de l'administration ;
- développement de l'infrastructure économique et sociale ;
- consolidation de l'État comme garant de la légalité et de la sécurité.

Ces réformes permettent au Mexique d'entrer progressivement dans une phase de modernisation et de stabilité relative, malgré les défis persistants.

V. Bilan et héritage

1. Succès de Juárez

La République restaurée sous Benito Juárez :

- rétablit l'autorité de l'État et la primauté de la Constitution de 1857 ;
- consolide la République mexicaine en un État centralisé capable de résister aux menaces internes et externes ;
- relance progressivement l'économie et modernise l'éducation.

2. Limites et défis persistants

Cependant, la République restaurée laisse des défis non résolus :

- divisions régionales toujours présentes ;
- inégalités sociales et économiques persistantes, surtout dans les zones rurales ;
- endettement public et fragilité économique qui continueront à influencer la politique mexicaine dans les décennies suivantes.

Conclusion

La période de 1867 à 1872 marque une **phase cruciale de consolidation et de reconstruction** :

- la République restaurée réussit à stabiliser un Mexique meurtri par les guerres et l'occupation étrangère ;
- Benito Juárez s'impose comme figure centrale du libéralisme mexicain, garant de la souveraineté et des institutions républicaines ;
- cette période établit les **bases institutionnelles, politiques et sociales** sur lesquelles s'appuiera le Porfiriat et la modernisation ultérieure du pays.

Malgré les limites et les tensions persistantes, la République restaurée constitue un moment clé où le Mexique **apprend à se reconstruire, à moderniser ses institutions et à affirmer son identité nationale**.

Fiche 21 – Les débuts du Porfiriat et la stabilisation politique (1872–1876)

Introduction

L'année **1872** marque un tournant majeur dans l'histoire du Mexique. À la mort de **Benito Juárez**, survenue le 18 juillet, s'achève une longue période de luttes politiques, de réformes constitutionnelles et de guerres civiles. Le pays, enfin débarrassé des invasions étrangères et du spectre impérial, aspire à la stabilité. Mais cette stabilité demeure fragile : les institutions républicaines sont encore jeunes, l'économie reste convalescente, et les divisions entre libéraux radicaux et modérés continuent de miner la cohésion nationale.

C'est dans ce contexte qu'émerge la figure de **Porfirio Díaz**, ancien général libéral de la guerre de Réforme et de la lutte contre l'intervention française. D'abord rebelle contre Juárez, puis opposant à son successeur **Sebastián Lerdo de Tejada**, Díaz incarne une nouvelle génération politique : pragmatique, autoritaire, mais soucieuse d'ordre et de progrès. Les années **1872–1876**, souvent considérées comme une période de transition, voient la fin de la République restaurée et la gestation du **Porfiriat**, ce long régime qui marquera le Mexique jusqu'à la Révolution de 1910.

I. La transition politique après Juárez (1872–1873)

1. La présidence de Sebastián Lerdo de Tejada

À la mort de Juárez, son ministre de la Justice, **Sebastián Lerdo de Tejada**, accède à la présidence conformément à la Constitution. Juriste, intellectuel et libéral convaincu, Lerdo hérite d'un pays affaibli, mais pacifié. Son objectif principal est de **consolider les acquis du libéralisme** sans retomber dans les excès révolutionnaires.

Son gouvernement se distingue par :

- une **centralisation accrue** du pouvoir exécutif, afin de garantir la continuité de l'État ;
- une politique de **pacification intérieure**, cherchant à désarmer les groupes rebelles restants ;
- la **poursuite de la laïcisation** de l'enseignement et de l'administration ;

- une **volonté d'intégration nationale** à travers la construction d'infrastructures et la communication entre provinces.

Lerdo incarne une certaine continuité avec Juárez, mais sa présidence se heurte rapidement à la méfiance d'une partie de l'armée et des élites régionales, lassées du centralisme excessif et des élections souvent contestées.

2. Les tensions politiques et l'opposition de Díaz

Porfirio Díaz, héros de la guerre contre les Français et candidat malheureux à la présidence en 1867 et 1871, reste dans l'ombre, mais continue à nourrir une ambition politique profonde. Son opposition à Juárez reposait sur la dénonciation de la **réélection présidentielle** et sur un discours moral en faveur du renouveau politique.

Sous Lerdo, ces tensions s'exacerbent :

- le président, élu en 1872, projette lui aussi de modifier la Constitution pour pouvoir se représenter ;
- Díaz, installé à Oaxaca, observe avec inquiétude la concentration du pouvoir ;
- le mécontentement gagne l'armée, la paysannerie et certains gouverneurs libéraux déçus.

C'est dans ce contexte que mûrit l'idée d'un **nouveau pronunciamiento**, celui du **Plan de Tuxtepec**, qui deviendra le fondement du mouvement porfiriste.

II. Le Plan de Tuxtepec et la chute de Lerdo (1876)

1. Les causes du soulèvement

Les causes du soulèvement de 1876 ne sont pas seulement politiques : elles traduisent un **malaise social, économique et moral**.

- Le pays souffre d'une crise agricole prolongée, aggravée par la fiscalité et les guerres passées.
- L'armée, démobilisée, voit nombre de ses officiers sans poste ni revenu stable.

- Les populations rurales dénoncent les abus de l'administration centrale et les inégalités persistantes.

Díaz, habile stratège, parvient à fédérer autour de lui les mécontents de tous horizons : libéraux radicaux, militaires frustrés, paysans pauvres et notables locaux souhaitant plus d'autonomie.

2. Le Plan de Tuxtepec (janvier 1876)

Le **Plan de Tuxtepec**, proclamé le 10 janvier 1876 à Oaxaca, marque le début officiel du mouvement porfiriste. Ce texte politique revendique :

- le **respect strict de la Constitution** ;
- la **non-réélection** du président de la République ;
- la **destitution de Lerdo de Tejada** pour abus de pouvoir ;
- la **formation d'un gouvernement provisoire** dirigé par Díaz.

Ces mots d'ordre, simples mais efficaces, séduisent une population lassée de la corruption et de la stagnation. En quelques mois, le mouvement s'étend à plusieurs États du centre et du sud du pays.

3. La victoire de Díaz et la fin du gouvernement Lerdo

La guerre civile éclate entre les troupes loyales à Lerdo et les forces porfiristes. Après plusieurs batailles, dont la décisive **bataille de Tecoac** (16 novembre 1876), Díaz triomphe. Lerdo s'exile aux États-Unis, laissant le champ libre au général victorieux.

En novembre 1876, **Porfirio Díaz entre triomphalement à Mexico**. Il ne prend cependant la présidence qu'en 1877, après avoir fait reconnaître la légitimité de son pouvoir par le Congrès.

La chute de Lerdo met fin à une décennie de présidences constitutionnelles et ouvre la voie à un régime plus autoritaire, fondé sur la stabilité et la discipline militaire.

III. Les fondements du régime porfiriste

1. L'idéologie de l'ordre et du progrès

Les premières années du Porfiriat se caractérisent par la recherche d'un équilibre entre **libéralisme politique** et **ordre social**. Díaz, tout en se réclamant du libéralisme, rejette son aspect révolutionnaire. Il prône une république apaisée, disciplinée et tournée vers la modernité.

Les principes fondateurs du régime sont :

- la **centralisation du pouvoir** entre les mains du président ;
- la **pacification du territoire** à tout prix ;
- la **promotion du développement économique** par l'investissement étranger ;
- la **réconciliation entre libéraux et conservateurs**, afin de mettre fin aux luttes idéologiques du siècle.

Cette philosophie du "pan y palo" (le pain et le bâton) guide l'action politique de Díaz : la stabilité d'abord, les libertés ensuite.

2. La restauration de l'autorité et de l'ordre public

Dès son arrivée au pouvoir, Díaz s'emploie à **rétablir la discipline** dans un pays encore secoué par des rébellions locales.

- L'armée est restructurée, épurée de ses éléments indisciplinés et placée sous le contrôle direct du pouvoir exécutif.
- Les caudillos régionaux sont soit intégrés dans l'administration, soit éliminés par la force.
- Les gouverneurs d'État deviennent les relais fidèles du président, garantissant une obéissance verticale.

Cette politique autoritaire, bien que brutale, met fin à des décennies d'instabilité chronique et redonne au Mexique un semblant de sécurité intérieure.

3. Réconciliation politique et restauration du prestige national

Díaz comprend que le succès de son régime repose aussi sur la **réconciliation symbolique** des différentes forces politiques du pays. Il cherche à intégrer les anciens conservateurs, les cléricaux modérés et les élites économiques dans un projet national commun.

Il restaure les relations avec l'Église catholique, sans renier les principes de laïcité, et encourage la participation des élites locales à la modernisation du pays. Cette politique de conciliation, parfois opportuniste, contribue à donner au nouveau régime une légitimité nationale.

IV. Premiers pas vers la modernisation (1876–1877)

1. Réformes économiques et fiscales

Díaz hérite d'un État ruiné et endetté. Ses premières mesures visent à assainir les finances publiques :

- réduction des dépenses administratives et rationalisation du budget ;
- réorganisation du système fiscal pour accroître les recettes ;
- lutte contre la contrebande et les fraudes douanières.

Ces efforts, modestes mais efficaces, rétablissent la confiance des investisseurs étrangers et des commerçants locaux. Les premières concessions ferroviaires et minières voient le jour, annonçant la phase d'industrialisation qui marquera les décennies suivantes.

2. Rétablissement des relations extérieures

Sur le plan diplomatique, Díaz cherche à redorer l'image du Mexique :

- reprise des relations avec les puissances européennes rompues depuis l'Empire de Maximilien ;
- négociations avec les États-Unis pour résoudre les différends frontaliers et favoriser le commerce ;

- consolidation de la souveraineté mexicaine sur le territoire national.

Le Mexique, après un demi-siècle de troubles, redevient un acteur stable sur la scène internationale.

Conclusion

La période **1872–1876** est une étape charnière : elle clôt la longue ère des guerres civiles du XIXᵉ siècle et ouvre celle du **Porfiriat**, régime autoritaire et modernisateur qui dominera la vie politique mexicaine pendant plus de trente ans.

Porfirio Díaz, en s'imposant par la force, incarne à la fois la **fatigue du pays face à l'instabilité** et l'aspiration à la modernité. Sous ses débuts, le Mexique retrouve une stabilité que ni Juárez ni Lerdo n'avaient pu durablement instaurer.

Mais cette stabilité a un prix : la centralisation autoritaire, la restriction des libertés politiques et la mise en tutelle de la société civile. La République, restaurée sous Juárez, se transforme progressivement en un État discipliné, bureaucratique et hiérarchisé — le prélude d'une ère de progrès économique, mais aussi d'inégalités et de répression.

Partie V – Le Porfiriat et la Révolution mexicaine (1876–1920)

Fiche 22 – Le Porfiriat (1876–1910) : modernisation et inégalités

Introduction

Entre **1876 et 1910**, le Mexique connaît l'une des périodes les plus paradoxales de son histoire moderne : un temps de **paix relative, de croissance économique et de modernisation spectaculaire**, mais aussi d'**injustices sociales, d'autoritarisme et de dépendance étrangère**. Sous la férule du général **Porfirio Díaz**, le pays se transforme en profondeur.

Ce régime, que l'on appellera plus tard le **Porfiriat**, se présente comme le triomphe de la raison, du progrès et de la stabilité après un demi-siècle d'instabilité politique. Pourtant, derrière les façades rénovées des villes, les voies ferrées flambant neuves et les discours triomphants sur la « modernité », s'étend une réalité bien plus sombre : **la dépossession des terres indigènes, l'exploitation ouvrière, la censure politique et la soumission du pays au capital étranger.**

Le Porfiriat repose sur un équilibre fragile : il offre la paix et le développement, mais nie la participation politique. Il glorifie la modernité, mais creuse les inégalités. Il proclame l'ordre, mais prépare, sans le savoir, les conditions de sa propre chute.

I. La consolidation du pouvoir personnel de Porfirio Díaz

1. La construction d'un régime autoritaire et stable

Après avoir pris le pouvoir en 1876, Díaz met progressivement en place un système politique **personnaliste et centralisé**, qui transforme les institutions républicaines en simples instruments de contrôle. Son autorité s'impose sur trois piliers essentiels :

- **l'armée**, épurée et fidèle ;
- **les gouverneurs d'État**, nommés ou approuvés par le centre ;
- **les réseaux de clientélisme**, qui lient les notables régionaux à la présidence.

Sous le slogan « **Orden y progreso** » (ordre et progrès), Díaz fonde une République où la stabilité politique devient la valeur suprême. Les élections, bien que régulières, ne sont qu'une formalité ; la presse, bien que tolérée, doit se montrer respectueuse ; les opposants, bien que peu nombreux, sont étroitement surveillés.

Cette paix autoritaire, que les contemporains appellent la *Paz Porfiriana*, est d'abord ressentie comme un soulagement : le pays, enfin, cesse de se déchirer. Mais elle repose sur la coercition, la censure et une discipline politique quasi militaire.

2. Les alliances sociales et la cooptation des élites

Díaz comprend que son pouvoir ne peut durer qu'en intégrant les élites économiques, politiques et religieuses dans un projet commun. Il pratique donc une **politique d'ouverture prudente**, conciliant les anciens adversaires :

- Les **libéraux modérés** obtiennent des postes administratifs et la reconnaissance de leurs titres.

- Les **conservateurs** trouvent dans le régime une protection de leurs intérêts économiques.

- L'**Église catholique**, après des décennies de marginalisation, retrouve une influence morale et sociale, bien que non officielle.

À travers une savante distribution des privilèges, Díaz crée un système d'allégeance réciproque. Les grands propriétaires, les militaires, les industriels et les gouverneurs deviennent les garants de l'ordre local. En échange, ils bénéficient d'une autonomie de gestion et d'une protection de leurs intérêts.

Cette structure oligarchique assure au régime une solidité impressionnante, mais éloigne de plus en plus le pouvoir du peuple et des communautés rurales.

3. La longévité politique : entre légitimité et manipulation

Porfirio Díaz occupe la présidence presque sans interruption entre **1876 et 1911**, à l'exception de la brève présidence de Manuel González (1880–1884), son allié fidèle. Cette longévité repose sur une combinaison subtile de **manipulation électorale**, **charisme militaire** et **réalisme politique**.

Díaz sait se montrer flexible : il modifie la Constitution pour permettre sa réélection, mais se retire temporairement pour éviter l'usure politique. Il promet la démocratie, mais gouverne par la persuasion, la menace ou la cooptation. Lui-même se définit comme un **dictateur constitutionnel** : il gouverne avec les formes du droit, mais sans l'esprit de la démocratie.

Sa personnalité incarne le double visage du Porfiriat : l'homme de fer et le modernisateur éclairé, le soldat pragmatique et le chef d'État visionnaire, admiré pour son efficacité autant que redouté pour son autorité.

II. La modernisation économique et les transformations structurelles

1. L'essor des infrastructures et la révolution des communications

Sous le Porfiriat, le Mexique entre véritablement dans l'ère industrielle. Les chemins de fer, symbole de la modernité, deviennent le réseau vital du pays : en **1876**, on ne compte que quelques centaines de kilomètres de rails ; en **1910**, plus de **20 000 kilomètres** sillonnent le territoire.

Cette transformation a des conséquences majeures :

- **Intégration nationale** : les régions auparavant isolées se relient aux centres urbains et aux ports.

- **Croissance du commerce intérieur** : les produits agricoles, miniers et manufacturés circulent plus vite.

- **Consolidation du pouvoir central** : l'armée peut intervenir rapidement dans tout le pays.

Les ports sont modernisés, les lignes télégraphiques multipliées, et les premières industries apparaissent autour de Mexico, Monterrey et Guadalajara. Cette « révolution des communications » propulse le pays dans une ère nouvelle, mais renforce la dépendance envers les capitaux étrangers, notamment britanniques et américains.

2. L'ouverture au capital étranger

Díaz adopte une politique économique fondée sur le **libéralisme économique et l'attraction des investissements étrangers**. Le Mexique offre des concessions minières, ferroviaires et agricoles à des entreprises venues des États-Unis, de France, d'Allemagne ou de Grande-Bretagne.

Les avantages accordés sont considérables :

- exonérations fiscales,
- facilités d'importation de matériel industriel,
- cession de vastes territoires sous-exploités.

Cette ouverture permet un développement rapide : la production minière explose, l'agriculture d'exportation prospère (coton, café, henequén), et les recettes fiscales augmentent.

Mais cette prospérité a un coût : le pays devient **économiquement dépendant de l'étranger**. Les bénéfices quittent souvent le territoire, tandis que les paysans mexicains perdent leurs terres au profit des grandes compagnies.

3. L'expropriation des terres et la marginalisation des communautés rurales

L'une des conséquences les plus graves de la modernisation économique est la **spoliation massive des terres indigènes et villageoises**. Les lois de désamortissement, héritées de la période libérale, sont appliquées avec une rigueur brutale : les terres communales sont déclarées « vacantes » et redistribuées aux grands propriétaires ou aux sociétés agricoles.

En quelques décennies, des millions d'hectares changent de mains. Les communautés indigènes, privées de leurs moyens de subsistance, sont réduites au statut de **journaliers agricoles**. Le système des **haciendas**, vastes domaines semi-féodaux, s'étend à tout le pays.

Les tensions sociales s'aggravent : les paysans vivent dans une pauvreté extrême, endettés, soumis à des conditions quasi serviles, tandis qu'une minorité de propriétaires s'enrichit considérablement.

III. La société porfirienne : entre élitisme, contrôle et émergence urbaine

1. La « modernité » des villes et la naissance d'une bourgeoisie

Les grandes villes mexicaines, en particulier Mexico, Monterrey, Puebla et Guadalajara, se transforment radicalement. Les rues sont pavées, les places embellies, les théâtres et cafés se multiplient. L'architecture s'inspire du style français, symbole de raffinement et de progrès.

Une **bourgeoisie urbaine** apparaît, composée de commerçants, d'industriels, d'ingénieurs et de fonctionnaires. Elle adopte les valeurs européennes : rationalisme, positivisme, élégance vestimentaire et foi dans la science.

Cette modernité urbaine, toutefois, reste superficielle. Derrière les façades de pierre, une misère profonde persiste : les bidonvilles grandissent à la périphérie, et les ouvriers vivent dans des conditions déplorables, sans législation sociale ni syndicats autorisés.

2. Le contrôle politique et la censure

Le régime de Díaz maintient une **paix politique stricte**, fondée sur la surveillance et la répression sélective. La presse est tolérée tant qu'elle ne conteste pas le pouvoir. Les journaux d'opposition sont régulièrement censurés ou achetés.

Les universités et les écoles diffusent la doctrine du **positivisme**, selon laquelle la société doit être dirigée par les plus « capables ». Ce discours, hérité de la philosophie d'Auguste Comte, légitime la domination des élites technocratiques et la mise à l'écart des classes populaires.

Les élections, organisées à intervalles réguliers, ne laissent aucune place à la compétition réelle : les candidats sont choisis par le gouvernement, les résultats truqués. La démocratie devient un simple décor pour masquer la dictature éclairée.

3. Les marges sociales : ouvriers, paysans et peuples indigènes

Les véritables victimes du Porfiriat sont les classes laborieuses :

- les **ouvriers des mines et des usines**, soumis à des horaires exténuants et à des salaires misérables ;

- les **paysans**, exploités dans les haciendas, endettés à vie ;
- les **peuples indigènes**, marginalisés, privés de leurs terres et de leurs droits.

Le mécontentement grandit lentement, nourri par la pauvreté, les injustices et la répression. Des grèves éclatent — notamment à Cananea (1906) et Río Blanco (1907) — réprimées avec une violence extrême. Ces mouvements annoncent les fractures sociales qui exploseront en 1910.

IV. La fin d'une époque : crise politique et montée de l'opposition

1. Le vieillissement du régime et la question de la succession

Au début du XXe siècle, Díaz est un vieil homme. Son autorité demeure forte, mais la question de la succession devient inévitable. L'absence d'alternative politique crédible affaiblit le régime. Les élites commencent à s'interroger sur la pérennité d'un système bâti sur un seul homme.

En 1908, Díaz accorde une interview célèbre au journaliste américain James Creelman, dans laquelle il déclare que **le Mexique est prêt pour la démocratie** et qu'il ne se représentera pas. Cette déclaration ouvre une brèche : les espoirs renaissent, les ambitions se réveillent. Parmi elles, celle d'un riche propriétaire du nord, **Francisco I. Madero**, qui incarnera bientôt la contestation.

2. L'émergence des mouvements d'opposition

Les années 1908–1910 voient la résurgence de l'opposition politique :

- les **libéraux radicaux** réclament le retour aux principes démocratiques de 1857 ;
- les **réformateurs sociaux**, comme Madero, prônent la justice économique et la participation politique ;
- les **mouvements ouvriers et paysans** s'organisent clandestinement.

La promesse d'élections libres en 1910 devient l'étincelle d'un mouvement irréversible. L'arrestation de Madero pendant la campagne électorale et la réélection frauduleuse de Díaz déclenchent la colère populaire.

3. La fin du Porfiriat

En novembre 1910 éclate la **Révolution mexicaine**, d'abord sous la forme d'une révolte régionale, puis d'un soulèvement national. En quelques mois, le régime s'effondre. Díaz, dépassé par l'ampleur du mouvement, démissionne et s'exile en France en mai 1911.

Ainsi s'achève le Porfiriat : trente-cinq ans d'ordre et de progrès, mais aussi d'injustices et d'immobilisme politique.

Conclusion

Le Porfiriat fut une époque de contrastes saisissants. Il donna au Mexique la stabilité et les infrastructures nécessaires à son entrée dans la modernité, mais au prix d'une inégalité criante et d'une fermeture politique étouffante.

Son héritage est double :

- **positif**, pour la construction de l'État moderne, l'intégration du territoire et la croissance économique ;
- **négatif**, pour la dépendance étrangère, la répression sociale et la marginalisation du peuple.

En cherchant à imposer l'ordre absolu, Porfirio Díaz prépara malgré lui la **plus grande explosion révolutionnaire de l'histoire du Mexique**. Son œuvre, admirable par sa cohérence mais tragique par ses excès, marquera durablement la mémoire nationale.

Fiche 23 – Les causes profondes de la Révolution mexicaine

Introduction

La **Révolution mexicaine**, déclenchée en **1910**, ne fut pas un événement soudain ni un simple soulèvement politique : elle fut **le résultat d'un siècle de tensions accumulées**, de déséquilibres économiques, d'injustices sociales et de frustrations politiques. Sous la longue dictature de **Porfirio Díaz**, le pays avait certes connu la stabilité et la croissance, mais cette prospérité s'était construite **sur l'exclusion, la répression et l'inégalité**.

Le Porfiriat avait réconcilié la nation en surface, mais en profondeur, il avait creusé un gouffre entre les élites et le peuple, entre la modernité et la tradition, entre la richesse concentrée et la misère diffuse. À la veille de 1910, **le Mexique semblait stable**, mais cette stabilité n'était qu'apparente : sous le vernis du progrès, **la colère grondait dans les campagnes, les usines et les universités**.

Les causes de cette révolution sont multiples : politiques, économiques, sociales et culturelles. Chacune a nourri un feu qui, combiné aux autres, allait embraser tout le pays.

I. Les causes politiques : la confiscation du pouvoir et l'épuisement du Porfiriat

1. Un régime autoritaire déguisé en république

Sous le Porfiriat, le Mexique possédait toutes les apparences d'une république : une Constitution, des élections, un Congrès, une presse. Mais en réalité, **le pouvoir était concentré entre les mains d'un seul homme**.

Porfirio Díaz, ancien général libéral, s'était imposé comme le garant de la stabilité nationale, mais au prix d'un **autoritarisme progressif**. Les institutions démocratiques n'étaient que des façades destinées à donner une légitimité au régime. Les élections étaient contrôlées, les opposants exilés ou muselés, et le Congrès votait mécaniquement toutes les décisions présidentielles.

Peu à peu, le pays s'était habitué à vivre sans véritable débat politique. Ce silence prolongé avait engourdi la vie publique, mais aussi **frustré les classes moyennes éduquées**, avides de participation. La société civile, qui s'était développée dans les villes, aspirait à un **renouveau démocratique**. L'interview donnée par Díaz en 1908 au journaliste américain James Creelman, où il annonçait qu'il ne briguerait pas un nouveau mandat, fit naître une attente immense... aussitôt déçue lorsque Díaz se représenta en 1910.

Cette **trahison des espoirs démocratiques** fut l'étincelle politique d'un mécontentement accumulé depuis des décennies.

2. La confiscation du pouvoir local et la centralisation excessive

Le pouvoir de Díaz reposait sur un système pyramidal d'une grande efficacité : chaque gouverneur, chaque préfet, chaque maire devait sa position à la fidélité au président. Cette **centralisation autoritaire** permit d'imposer la paix, mais elle étouffa toute initiative locale.

Les États fédérés devinrent de simples extensions du pouvoir central. Les notables locaux, cooptés ou achetés, perdaient leur autonomie, et les communautés rurales étaient privées de toute représentation. Dans les villages, les caciques (chefs locaux) régnaient sans partage, souvent en lien direct avec les hacendados (grands propriétaires). La justice et l'administration devenaient des instruments d'oppression plutôt que de protection.

Ainsi, à mesure que le régime consolidait son autorité, il **affaiblissait sa légitimité**. Quand les premiers signes de désordre apparurent, il n'existait plus aucun relais local capable d'amortir la crise : tout dépendait de la volonté d'un seul homme, âgé et déconnecté du pays réel.

3. L'absence de succession et la crise de légitimité

En 1910, Porfirio Díaz a 80 ans. Aucun plan de succession n'a été préparé. Autour de lui, les élites se divisent entre partisans du statu quo et réformateurs prudents. La perspective d'un changement pacifique s'éloigne, d'autant plus que le président s'accroche au pouvoir malgré ses promesses.

C'est dans ce vide politique qu'émerge la figure de **Francisco I. Madero**, riche propriétaire du nord et partisan d'une transition démocratique. Son slogan – « *Sufragio efectivo, no reelección* » (« Suffrage effectif, pas de réélection ») – devient un cri de ralliement.

Mais le refus du régime de tolérer une opposition véritable et l'arrestation de Madero en pleine campagne électorale en 1910 achèvent de convaincre l'opinion que **la**

réforme pacifique est impossible. Le recours à la violence devient alors, pour beaucoup, la seule voie pour changer le système.

II. Les causes économiques : prospérité inégale et dépendance étrangère

1. Un développement spectaculaire mais déséquilibré

Le Porfiriat transforma le Mexique en une économie moderne, intégrée au marché mondial. Chemins de fer, mines, usines et plantations firent entrer le pays dans le capitalisme industriel. Mais cette modernisation profita surtout à une **minorité privilégiée**, tandis que la majorité restait exclue des bénéfices du progrès.

Les statistiques illustrent cet écart :

- Moins de **1 %** des propriétaires possédaient **plus de la moitié des terres cultivables.**
- Les salaires ouvriers restaient **inférieurs à ceux de 1870**, malgré la hausse du coût de la vie.
- Les profits des compagnies minières et ferroviaires étaient **majoritairement rapatriés à l'étranger.**

L'économie mexicaine se modernisa, mais au prix d'une **dépendance croissante envers les capitaux étrangers**, notamment américains et britanniques. Cette domination économique, perçue comme une forme de néocolonialisme, alimenta un fort sentiment nationaliste.

2. La question agraire : dépossession et misère paysanne

La cause la plus explosive de la Révolution fut sans doute **la question de la terre.** Sous le Porfiriat, les lois de désamortissement et les concessions foncières permirent à l'État et aux compagnies privées de s'emparer de vastes territoires communaux, au détriment des communautés indigènes et villageoises.

Des millions de paysans perdirent leurs terres et devinrent des **ouvriers agricoles sans droits**, dépendants des haciendas. Dans certaines régions, comme le Morelos ou le Yucatán, le système quasi féodal des *peones acasillados* (ouvriers logés mais endettés à vie) perpétuait une servitude déguisée.

Les revendications paysannes, ignorées pendant des décennies, finirent par s'unir autour d'un mot d'ordre simple : « **Tierra y libertad** ». C'est ce cri, repris par **Emiliano Zapata**, qui deviendra le cœur idéologique de la Révolution.

3. Le poids des intérêts étrangers et la dépendance structurelle

Le développement économique du Porfiriat s'appuyait massivement sur **l'investissement étranger**, encouragé par des politiques favorables : exonérations fiscales, concessions minières, vente de terres, etc.

Les compagnies américaines contrôlaient une grande partie des mines du nord ; les Britanniques dominaient les chemins de fer ; les Français, le commerce et l'industrie textile. Cette présence étrangère suscita d'abord l'admiration, puis la méfiance, car elle accentuait la **dépendance économique** et marginalisait les entrepreneurs mexicains.

Beaucoup percevaient cette situation comme une **nouvelle forme de domination**, non plus militaire mais financière. Les ouvriers mexicains voyaient dans ces entreprises un symbole d'injustice : ils produisaient pour des intérêts étrangers, sur une terre qu'ils n'avaient plus le droit de posséder.

III. Les causes sociales : inégalités, frustrations et émergence d'une conscience nationale

1. Une société duale : élites modernisées et masses exclues

Le Mexique du Porfiriat était profondément inégalitaire. À un extrême, une élite cosmopolite, éduquée à Paris ou à New York, vivait dans le luxe et l'imitation de la culture européenne. À l'autre, la majorité rurale survivait dans la pauvreté la plus absolue.

Les villes se modernisaient, les campagnes s'appauvrissaient. Les grands propriétaires s'enrichissaient grâce aux exportations, tandis que les paysans perdaient leurs terres ancestrales.

Cette **fracture sociale** devint de plus en plus visible : deux Mexiques coexistaient sans se comprendre. L'un aspirait à la modernité libérale, l'autre à la justice et à la survie.

2. L'exploitation ouvrière et la montée des revendications sociales

Dans les usines, les mines et les plantations, les ouvriers travaillaient de dix à seize heures par jour, sans protection légale ni salaire minimum. Les accidents étaient fréquents, les logements insalubres, les punitions corporelles encore pratiquées.

Les grèves de **Cananea (1906)** dans les mines de Sonora et de **Río Blanco (1907)** dans les filatures du Veracruz furent des signaux d'alarme. Ces révoltes, réprimées dans le sang, révélèrent l'existence d'une classe ouvrière consciente de ses droits et prête à lutter.

Ces événements marquèrent un tournant : pour la première fois, la révolte sociale n'était plus locale mais nationale.

3. L'exclusion des classes moyennes et le rôle des intellectuels

Les **classes moyennes**, en pleine expansion, jouèrent un rôle décisif dans la genèse de la Révolution. Fonctionnaires, enseignants, journalistes et avocats voyaient leurs aspirations frustrées par un système fermé. Ils formaient une génération instruite mais sans débouchés politiques : **la génération humiliée du Porfiriat**.

Parmi eux, se distinguèrent les membres du **Partido Liberal Mexicano (PLM)**, fondé par les frères Flores Magón, qui dénonçaient la dictature et appelaient à une réforme sociale radicale. Ces intellectuels, souvent exilés aux États-Unis, diffusèrent clandestinement des journaux et des pamphlets qui éveillèrent la conscience politique du pays.

La critique du positivisme officiel et l'émergence d'un nationalisme démocratique préparèrent le terrain idéologique de la Révolution.

IV. Les causes culturelles et idéologiques : modernité, identité et rupture

1. Le positivisme officiel et ses limites

Le régime de Díaz se réclamait du **positivisme**, philosophie fondée sur la science, l'ordre et le progrès. Cette doctrine justifiait la hiérarchie sociale : selon ses adeptes, le peuple n'était pas encore « mûr » pour la démocratie. Ce discours séduisait les élites mais heurtait les nouvelles générations, qui y voyaient une justification intellectuelle de la tyrannie. À partir des années 1890, des écrivains, professeurs et étudiants commencèrent à rejeter ce modèle et à réclamer un **renouveau moral et démocratique**.

2. L'émergence du nationalisme mexicain

Face à l'influence étrangère et à la domination culturelle européenne, un nouveau sentiment national se forgea. Les intellectuels, comme **Justo Sierra** ou **José Vasconcelos**, cherchaient à réhabiliter la culture indigène et à repenser l'identité mexicaine.

Cette redécouverte du passé préhispanique et populaire inspira un **nouvel idéal patriotique**, en rupture avec le mépris des élites pour les traditions locales. La Révolution naissante se présenta ainsi non seulement comme un mouvement politique, mais comme une **renaissance culturelle et morale** du Mexique.

Conclusion

La Révolution mexicaine ne fut pas une explosion soudaine, mais **l'éruption d'un volcan resté sous pression pendant des décennies**. Sous l'apparente prospérité du Porfiriat, s'étaient accumulées des tensions profondes :

- un autoritarisme politique,
- une injustice sociale criante,
- une économie dépendante,
- et un sentiment national trahi.

Ces forces conjuguées allaient converger en 1910 autour du mot d'ordre lancé par Madero, puis amplifiées par Zapata, Villa et tant d'autres. La Révolution, en somme, fut **l'inévitable réponse d'un peuple qu'on avait trop longtemps fait taire**.

Fiche 24 – De Madero à Zapata : les grandes figures révolutionnaires

Introduction

La Révolution mexicaine n'a pas eu un seul leader, mais une **constellation de figures charismatiques et contradictoires,** issues de milieux très différents : le riche réformateur **Francisco I. Madero**, le paysan visionnaire **Emiliano Zapata**, le chef populaire **Pancho Villa**, le militaire stratège **Venustiano Carranza**, ou encore le politicien pragmatique **Álvaro Obregón**.

Ces hommes ne partageaient pas un programme unique, mais ils incarnaient chacun une **aspiration essentielle du peuple mexicain** : la liberté politique, la justice sociale, la réforme agraire, ou la modernisation de l'État.

Entre 1910 et 1920, ils ont tour à tour uni, divisé, inspiré ou trahi la Révolution. Leur confrontation forgea **le visage du Mexique moderne**, à la croisée de l'idéalisme et du pragmatisme, de la foi et de la violence.

I. Francisco I. Madero : le rêve démocratique trahi

1. Le réformateur idéaliste

Francisco Ignacio Madero, né en 1873 dans une riche famille du Coahuila, fut un homme d'un autre monde que celui des révolutionnaires classiques. Éduqué à Paris et aux États-Unis, il croyait profondément en la **démocratie libérale** et en la moralité du progrès.

Son livre, *La sucesión presidencial en 1910*, publié en 1908, fut une véritable bombe politique. Dans un ton modéré mais ferme, il dénonçait la réélection perpétuelle de Porfirio Díaz et plaidait pour un **retour aux principes de la Constitution de 1857**. Madero ne voulait pas renverser le régime par la violence, mais le réformer pacifiquement. Il incarnait un idéal de changement moral avant tout politique, fondé sur **la foi, la probité et la loi**.

Cette posture idéaliste lui attira le soutien de la classe moyenne urbaine, des intellectuels et de certains propriétaires éclairés, mais elle suscita aussi la méfiance des conservateurs et la frustration des masses paysannes, qui attendaient des réformes plus profondes.

2. Le déclenchement de la révolution et l'échec du réformisme

Après avoir été emprisonné pendant la campagne présidentielle de 1910, Madero s'évada et lança le **Plan de San Luis Potosí**, appelant à la rébellion contre Díaz le **20 novembre 1910**. Ce manifeste marqua le véritable début de la Révolution. Dans les campagnes, les soulèvements éclatèrent spontanément, menés par des chefs locaux comme **Zapata** dans le Sud et **Villa** dans le Nord.

En mai 1911, la victoire fut acquise : Díaz démissionna et s'exila. Madero entra triomphalement à Mexico, accueilli comme un libérateur. Mais dès lors, son rêve se heurta à la réalité d'un pays fracturé. Les paysans réclamaient la terre, les ouvriers la justice, les anciens révolutionnaires des récompenses. Madero, fidèle à ses principes légalistes, refusa de recourir à la violence pour imposer les réformes, ce qui l'isola rapidement.

3. Le président incompris et la chute

Élu président en 1911, Madero tenta de réconcilier les forces sociales, mais son gouvernement fut rapidement assailli de toutes parts. Les conservateurs l'accusaient de faiblesse, les révolutionnaires de trahison. Son refus de réformer radicalement la structure agraire lui aliéna les paysans, notamment **Zapata**, qui se souleva au nom du **Plan d'Ayala (1911)**, exigeant la restitution immédiate des terres spoliées.

Madero, trop légaliste pour être autoritaire, trop modéré pour être populaire, se retrouva sans soutien solide. En février 1913, un coup d'État orchestré par le général **Victoriano Huerta**, avec l'appui des États-Unis, mit fin à son rêve. Madero fut arrêté, puis **assassiné le 22 février 1913**, victime d'une trahison qui symbolisa la mort de l'idéalisme démocratique dans le tumulte révolutionnaire.

II. Emiliano Zapata : la terre et la justice

1. Le paysan du Morelos

Emiliano Zapata naquit en 1879 dans le petit village d'Anenecuilco, dans l'État du Morelos. Issu d'une famille modeste mais respectée, il grandit au cœur d'une région dominée par les **haciendas sucrières**, où les paysans étaient dépouillés de leurs terres communales. Zapata n'était ni un intellectuel ni un politicien : c'était un homme de la terre, un charismatique **leader villageois** animé par un sens aigu de la justice.

Lorsqu'il rejoignit la révolte de 1910, ce n'était pas pour défendre des idées abstraites, mais pour **récupérer les terres volées à sa communauté**. Son cri de guerre – « *Tierra y libertad !* » – condensait toute la philosophie zapatiste : une liberté enracinée dans la possession de la terre et la dignité du travail.

2. Le Plan d'Ayala et la radicalisation du mouvement

Déçu par Madero, Zapata publia en novembre 1911 le **Plan d'Ayala**, texte fondamental du mouvement révolutionnaire. Ce plan dénonçait la trahison de Madero et exigeait la **confiscation des grandes haciendas** au profit des communautés paysannes. Il affirmait aussi que toute autorité refusant d'appliquer ces principes serait déclarée illégitime.

Le zapatisme n'était pas seulement une révolte agraire, mais une **doctrine politique enracinée dans la tradition communautaire indigène**. Zapata défendait une vision du Mexique décentralisée, fondée sur l'autonomie des villages et la solidarité locale.

Son armée, l'**Ejército Libertador del Sur**, se distingua par sa discipline et sa loyauté au peuple. Les terres conquises étaient redistribuées immédiatement, ce qui fit de Zapata un symbole d'intégrité et d'honnêteté politique.

3. L'héritage moral du zapatisme

Bien que militairement affaibli après 1915, le mouvement zapatiste conserva une immense influence morale. Zapata refusa les compromis avec les gouvernements successifs, fidèle à son idéal de justice sociale. Il fut trahi et assassiné en 1919, mais sa mort fit de lui **un mythe fondateur** : celui du paysan incorruptible, défenseur du peuple contre toutes les tyrannies.

Son nom devint un cri d'espoir pour toutes les luttes rurales ultérieures, jusqu'aux mouvements indigènes contemporains. Zapata incarna la dimension la plus profonde et la plus authentique de la Révolution : **celle de la dignité des opprimés**.

III. Pancho Villa : le caudillo du Nord

1. De bandit à héros populaire

Doroteo Arango, dit **Pancho Villa**, naquit en 1878 dans une famille pauvre du Durango. Son parcours fut tumultueux : voleur de bétail, fugitif, puis chef de guérilla, il devint l'un des personnages les plus fascinants de la Révolution.

Villa se forgea une légende d'homme du peuple, protecteur des humbles et vengeur des injustices. Charismatique, généreux mais impitoyable, il commandait ses troupes avec un mélange d'autorité et de camaraderie. Ses victoires militaires spectaculaires, notamment à **Ciudad Juárez (1911)** et **Torreón (1914)**, firent de lui le **héros du Nord**, craint et respecté.

2. Un chef militaire redoutable et contradictoire

Villa fut l'un des plus brillants stratèges de la Révolution. Il sut utiliser la mobilité, la connaissance du terrain et la discipline de ses troupes pour défaire des armées mieux équipées. Mais il resta avant tout un chef intuitif, méfiant envers les politiciens.

Son rapport au pouvoir fut ambigu : patriote sincère, il gouverna un temps la région du Chihuahua avec efficacité, réformant les écoles, nationalisant certaines terres et soutenant les ouvriers. Pourtant, son tempérament violent et son autoritarisme le rendirent instable. Après la rupture avec Carranza en 1914, il entra en guerre contre le gouvernement central, entraînant le pays dans une nouvelle phase de chaos.

3. Le déclin et la légende

Battus par les troupes d'Obregón en 1915, les villistes se replièrent dans le Nord. Villa poursuivit la lutte par des raids audacieux, notamment contre la ville américaine de Columbus en 1916, qui provoqua une expédition punitive des États-Unis au Mexique. Malgré sa défaite, Villa demeura une figure mythique : symbole de la **révolte populaire et de l'indomptable liberté mexicaine**.

Il se retira en 1920 après un accord de paix, avant d'être assassiné en 1923. Son image – mi-justicier, mi-bandit – continue de hanter la mémoire mexicaine, incarnation du courage brut et du refus de la soumission.

IV. Carranza et Obregón : de la Révolution au pouvoir

1. Carranza, le constitutionnaliste prudent

Venustiano Carranza, riche propriétaire du Coahuila, rejoignit la lutte contre Huerta en 1913 avec l'objectif de **rétablir l'ordre constitutionnel**. Moins charismatique que Villa ou Zapata, il sut cependant rallier les élites libérales et les classes moyennes grâce à une ligne de modération.

Son *Plan de Guadalupe (1913)* proclama la défense de la Constitution et fit de lui le chef des **Constitutionnalistes**. Une fois au pouvoir, Carranza chercha à **institutionnaliser la Révolution**, en adoptant une approche légaliste et centralisée.

2. La Constitution de 1917 : l'héritage institutionnel

Sous son impulsion, le Congrès de Querétaro élabora la **Constitution de 1917**, l'un des textes les plus progressistes de son temps. Elle intégrait les revendications sociales des révolutionnaires tout en réaffirmant l'autorité de l'État.

On y trouvait :

- le droit à la **réforme agraire** (article 27),
- la protection des **travailleurs** (article 123),
- la **souveraineté nationale** sur les ressources naturelles,
- et la **séparation stricte de l'Église et de l'État**.

Cette Constitution, encore en vigueur aujourd'hui, marqua l'acte de naissance du Mexique moderne.

3. Obregón, le stratège pragmatique

Álvaro Obregón, général du Sonora, fut l'homme du compromis final. Capable d'allier ruse politique et efficacité militaire, il sut vaincre Villa, contenir les zapatistes et, plus tard, négocier avec les États-Unis.

Son accession au pouvoir en 1920 symbolisa la fin du cycle révolutionnaire : **la Révolution se transforma en régime**. Obregón, tout en réprimant les oppositions, lança des réformes éducatives et tenta de stabiliser le pays après une décennie de guerre civile.

Conclusion

Entre Madero, Zapata, Villa, Carranza et Obregón, la Révolution mexicaine prit **des visages multiples, parfois antagonistes**, mais tous porteurs d'un même désir de transformation. Chacun incarna une dimension essentielle du Mexique :

- Madero, **l'idéal démocratique** ;
- Zapata, **la justice sociale et la terre** ;
- Villa, **le courage populaire** ;
- Carranza, **la légalité constitutionnelle** ;
- Obregón, **le pragmatisme du pouvoir**.

Leur succession, leurs rivalités et leurs morts tragiques forgèrent un pays nouveau, né dans la douleur mais mûri dans la conscience de son unité. La Révolution mexicaine, à travers eux, cessa d'être une simple rébellion : elle devint **un mythe fondateur**, une promesse sans cesse renouvelée de liberté et de justice.

Fiche 25 – La guerre civile et la nouvelle Constitution de 1917

Introduction

La chute du dictateur Porfirio Díaz en 1911 n'avait pas mis fin aux luttes qui secouaient le Mexique. Bien au contraire : la disparition du vieux régime ouvrit la voie à une période d'**extrême instabilité**, où les idéaux révolutionnaires se heurtèrent aux ambitions personnelles, aux divergences idéologiques et à la soif de pouvoir.

Entre **1914 et 1920**, le pays fut plongé dans une véritable **guerre civile**, où plusieurs factions révolutionnaires — zapatiste, villiste, constitutionnaliste — s'affrontèrent sans merci. Mais de ce chaos naquit aussi une œuvre politique durable : **la Constitution de 1917**, texte fondateur qui donna une forme institutionnelle aux aspirations de justice sociale, de souveraineté nationale et de modernité politique.

La décennie 1910–1920 fut donc un temps paradoxal : **destruction et création, guerre et refondation**.

I. Le morcellement révolutionnaire : de l'unité contre Huerta à la guerre des chefs

1. La chute de Victoriano Huerta (1913–1914)

L'assassinat de Madero en février 1913, orchestré par **Victoriano Huerta**, plongea le pays dans la fureur. Ce général ambitieux, soutenu par les grands propriétaires et les intérêts étrangers, tenta d'instaurer une dictature militaire conservatrice. Mais loin de stabiliser le pays, sa prise de pouvoir provoqua **une réaction nationale sans précédent**.

Le gouverneur du Coahuila, **Venustiano Carranza**, refusa de reconnaître le gouvernement illégitime et lança le **Plan de Guadalupe (mars 1913)**, appelant à la restauration de la Constitution de 1857. Rapidement, il rallia des chefs régionaux puissants :

- **Álvaro Obregón** dans le Sonora,
- **Francisco "Pancho" Villa** dans le Nord,
- **Emiliano Zapata** dans le Sud (bien que méfiant à l'égard de Carranza).

Cette coalition, bien que fragile, finit par vaincre les troupes fédérales de Huerta. En **juillet 1914**, le dictateur s'exila. Mais à peine disparu, **l'ennemi commun**, les fractures entre révolutionnaires réapparurent, ouvrant une nouvelle phase de la guerre.

2. La Convention d'Aguascalientes : un échec de l'unité

Afin d'éviter la fragmentation du mouvement, les chefs révolutionnaires convoquèrent une **Convention nationale à Aguascalientes** en octobre 1914. L'objectif était de s'entendre sur un programme commun et un gouvernement provisoire.

Les débats révélèrent rapidement **l'incompatibilité profonde des idéologies** :

- Les **constitutionnalistes** de Carranza défendaient la primauté de l'ordre institutionnel et la centralisation du pouvoir.

- Les **villistes** et **zapatistes**, plus radicaux, exigeaient des réformes sociales immédiates : redistribution des terres, droits ouvriers, autonomie locale.

La rupture fut inévitable. Carranza refusa de reconnaître les décisions de la Convention, tandis que Villa et Zapata proclamèrent leur propre gouvernement. Dès 1915, le Mexique sombra dans une guerre fratricide.

II. La guerre civile (1915–1917) : un pays à feu et à sang

1. Les fronts du Nord et du Sud

Entre les années 1915 et 1917, le territoire mexicain fut **morcelé en zones d'influence rivales** :

- le Nord sous domination **villiste**,

- le Sud contrôlé par les **zapatistes**,

- le Centre et le littoral par les **constitutionnalistes** de Carranza et Obregón.

Les batailles furent d'une violence inédite. À **Celaya** et **León** (1915), les troupes d'Obregón infligèrent de lourdes défaites à Villa grâce à des tactiques modernes inspirées de la Première Guerre mondiale — tranchées, mitrailleuses, discipline militaire. Villa, privé de ressources et d'alliés, perdit progressivement le contrôle du Nord.

Pendant ce temps, Zapata consolidait son bastion du **Morelos**, où il mit en œuvre un modèle de **réforme agraire locale** : les haciendas étaient confisquées et les terres redistribuées aux villages, gérées collectivement. Cette expérience unique fit du zapatisme un **laboratoire social révolutionnaire**, bien que limité à une région.

2. La violence et la désorganisation du pays

La guerre civile eut des conséquences humaines et économiques catastrophiques. Des centaines de milliers de morts, des villages rasés, des voies ferrées détruites, des famines et des épidémies dévastèrent le Mexique.

Les institutions s'effondrèrent :

- La monnaie perdit toute valeur,
- Les écoles et tribunaux cessèrent de fonctionner,
- Les églises furent fermées ou pillées,
- Des armées improvisées imposaient leurs lois locales.

Le pays tout entier ressemblait à une mosaïque d'autorités concurrentes. Pourtant, au milieu du chaos, certaines régions expérimentèrent des formes inédites de gouvernance : autogestion, coopératives, redistribution des terres, instruction populaire.

Cette guerre ne fut donc pas qu'une destruction, mais aussi une **période d'expérimentation sociale et politique**, annonçant les grandes réformes futures.

3. Le rôle ambigu des États-Unis

La Révolution mexicaine se déroula sous l'œil attentif — et souvent intrusif — des États-Unis. Washington craignait à la fois la déstabilisation de ses investissements et la propagation d'idées radicales.

En avril 1914, un incident naval à **Tampico** servit de prétexte à l'occupation américaine du port de **Veracruz**, provoquant une vague de nationalisme anti-impérialiste. Les Américains finirent par soutenir Carranza, jugé plus stable que Villa ou Zapata.

Mais les relations restèrent tendues, surtout après **le raid de Villa sur Columbus (1916)**, qui entraîna une expédition punitive américaine au Mexique.

Cet épisode marqua durablement la méfiance du peuple mexicain envers toute ingérence étrangère.

III. La Constitution de 1917 : refonder la nation

1. Le Congrès de Querétaro et la naissance d'un texte fondateur

Après avoir consolidé son pouvoir, Carranza convoqua un **Congrès constituant** dans la ville de **Querétaro** en décembre 1916. Les débats furent intenses : les délégués constitutionnalistes se divisaient entre **libéraux modérés**, fidèles à la tradition de 1857, et **révolutionnaires radicaux**, proches des idées sociales de Zapata et Villa.

Sous l'influence des députés progressistes, la nouvelle **Constitution**, promulguée le **5 février 1917**, devint **l'une des plus avancées du monde** pour son époque. Elle ne se contentait pas de restaurer l'ordre politique : elle proposait une refondation sociale du Mexique.

2. Les grands principes de la Constitution

Ce texte, encore en vigueur aujourd'hui, se distingue par la **combinaison unique de libéralisme politique et de réformes sociales**.
Parmi ses dispositions les plus novatrices :

- **Article 3** : éducation laïque, gratuite et obligatoire, fondée sur la raison et la morale civique.

- **Article 27** : affirmation de la **souveraineté nationale sur les terres et ressources naturelles**. L'État pouvait exproprier pour des raisons d'utilité publique et redistribuer la terre aux communautés.

- **Article 123** : codification des **droits du travail** (journée de huit heures, salaire minimum, droit de grève et d'association syndicale).

- **Article 130** : stricte **séparation de l'Église et de l'État**, limitant le pouvoir du clergé dans la vie publique.

Ces articles traduisaient les revendications des masses rurales et ouvrières, tout en posant les bases d'un État fort, capable d'encadrer la société et l'économie.

3. Une Constitution révolutionnaire dans un pays encore en guerre

Ironiquement, la promulgation de la Constitution ne mit pas fin aux combats. Zapata et Villa refusèrent de reconnaître le gouvernement de Carranza, qu'ils accusaient de trahir les idéaux populaires. Les affrontements continuèrent sporadiquement jusqu'à la mort de Zapata en **1919** et l'assassinat de Carranza en **1920**, renversé par le général **Álvaro Obregón**.

Pourtant, malgré la persistance du désordre, la Constitution de 1917 devint **la pierre angulaire du Mexique moderne**. Elle servit de cadre à la reconstruction nationale et inspira les grandes réformes sociales du XXe siècle, notamment sous Cárdenas dans les années 1930.

IV. Bilan : entre idéaux et institutions

La période 1914–1920 fut à la fois **la plus tragique et la plus créatrice** de l'histoire mexicaine contemporaine. Jamais le pays n'avait connu une telle destruction matérielle et morale, mais jamais non plus il n'avait produit un texte politique aussi visionnaire.

La Constitution de 1917 représente la **synthèse douloureuse de la Révolution** :

- le rêve démocratique de **Madero**,
- la justice agraire de **Zapata**,
- la vigueur populaire de **Villa**,
- et la rationalité institutionnelle de **Carranza**.

Le Mexique sortit de la guerre civile affaibli mais transformé : pour la première fois, un cadre juridique unissait le pays autour de valeurs communes — **terre, travail, éducation, souveraineté**.

Conclusion

La guerre civile mexicaine fut une tragédie nationale, mais aussi un moment fondateur. Dans le tumulte des armes, le pays apprit à repenser ses institutions, à redéfinir la notion même de justice et à affirmer son indépendance face aux puissances étrangères.

La **Constitution de 1917** incarna ce tournant historique : elle donna une forme stable aux aspirations nées dans la violence. Lorsque le général Obregón prit le pouvoir en 1920, la Révolution entra dans une nouvelle phase : celle de la **stabilisation et de l'institutionnalisation**. Mais sous la paix retrouvée, le souvenir des luttes et des martyrs continua d'alimenter l'imaginaire national — un Mexique forgé dans le sang, mais tourné vers la promesse de la justice sociale.

Fiche 26 – Les conséquences sociales et politiques de la Révolution

Introduction

La Révolution mexicaine fut à la fois **une guerre sociale, une lutte nationale et une transformation politique profonde**. Entre 1910 et 1920, le pays connut la désintégration de l'ancien ordre porfirien, fondé sur la concentration des terres, la dépendance économique et l'exclusion politique. Mais à l'issue de la tourmente, le Mexique émergea profondément transformé : un nouvel État, de nouveaux acteurs sociaux et une nouvelle vision de la nation prirent forme.

Cette période de **reconstruction**, amorcée sous Venustiano Carranza et consolidée par Álvaro Obregón puis Plutarco Elías Calles, vit la mise en œuvre partielle des idéaux révolutionnaires — terre, travail, éducation et justice sociale — au prix d'un **long processus d'institutionnalisation du pouvoir**.

L'enjeu n'était plus seulement de vaincre militairement les factions rivales, mais de **donner une âme, une cohérence et des institutions durables** à la nation issue du chaos.

I. Les transformations sociales : un nouvel équilibre entre les classes

1. La redistribution agraire : du rêve zapatiste à la lente réalité

L'une des principales revendications de la Révolution concernait la **terre**. Sous le Porfiriat, une infime minorité de grands propriétaires contrôlait d'immenses haciendas, tandis que la majorité des paysans vivaient comme ouvriers agricoles sans droits. Zapata, avec son **Plan d'Ayala (1911)**, avait incarné la promesse d'une restitution des terres aux communautés rurales.

Après 1917, l'article 27 de la nouvelle Constitution en posa les bases juridiques :

- l'État était déclaré **propriétaire ultime du sol et du sous-sol**,

- il pouvait exproprier pour utilité publique,

- et il s'engageait à **restituer les terres communales (ejidos)** aux villages.

Cependant, la mise en œuvre fut lente et inégale. Carranza, puis Obregón, craignaient que la redistribution ne compromette la stabilité politique et le soutien des élites. Ce n'est qu'à partir des années 1920 que des milliers d'hectares furent effectivement redistribués, souvent dans les régions du Centre et du Sud.

Pour beaucoup de paysans, cette réforme demeura **incomplète** :

- Les terres données étaient parfois insuffisantes ou peu fertiles.
- Les communautés manquaient de crédits et d'infrastructures.
- Les grands propriétaires conservèrent souvent leur influence.

Mais symboliquement, la Révolution avait brisé le monopole foncier de l'oligarchie et redonné au monde rural une **dignité politique et morale**.

2. Les ouvriers et la naissance d'un mouvement syndical

Les travailleurs urbains, autre force vive de la Révolution, obtinrent des avancées considérables grâce à l'**article 123** de la Constitution. Ce texte consacra des droits du travail novateurs : journée de huit heures, repos hebdomadaire, salaire minimum, protection des femmes et des enfants, arbitrage en cas de conflit.

Sous Obregón (1920–1924), ces principes commencèrent à s'appliquer concrètement. L'État chercha à **encadrer le mouvement ouvrier** tout en lui accordant des avantages. La **Confederación Regional Obrera Mexicana (CROM)**, fondée en 1918, devint l'alliée du régime et joua un rôle essentiel dans la stabilisation politique.

Les ouvriers gagnèrent en visibilité et en influence, mais leur autonomie resta limitée : le gouvernement encourageait une forme de **corporatisme**, où les syndicats étaient intégrés à l'appareil d'État. Cette alliance entre pouvoir politique et monde du travail annonçait déjà la future structure du régime révolutionnaire institutionnalisé (qui culminera dans les années 1930).

3. La recomposition des élites et l'émergence d'une nouvelle classe dirigeante

La Révolution renversa l'aristocratie porfirienne, mais ne créa pas une société sans classes. Une nouvelle élite apparut : celle des **militaires révolutionnaires** et des **fonctionnaires issus du mouvement constitutionnaliste**.

Ces hommes — Obregón, Calles, Sonorenses — provenaient souvent de milieux modestes mais avaient gravi les échelons grâce à la guerre et à la politique.

Ils formèrent un **nouveau groupe dirigeant**, à la fois pragmatique et nationaliste, qui allait gouverner le pays pendant plusieurs décennies. Ce pouvoir postrévolutionnaire combina un discours social égalitaire et une pratique autoritaire, fondée sur le contrôle des masses et la centralisation.

Cette transition marqua la naissance d'un système politique inédit : un **État fort, militarisé, mais légitimé par la Révolution**.

II. La reconstruction politique : naissance de l'État postrévolutionnaire

1. La consolidation du pouvoir exécutif

Après les années d'anarchie, la priorité fut de **rétablir l'ordre et l'autorité de l'État**. Carranza avait jeté les bases d'un régime présidentiel fort, et ses successeurs renforcèrent cette tendance. Sous **Obregón (1920–1924)**, le pouvoir central redevint la principale source de légitimité et de décision.

Le président s'imposa comme **arbitre suprême** entre les différentes forces révolutionnaires : armée, syndicats, paysans, Église, gouverneurs régionaux. Cette pratique du pouvoir autoritaire mais stabilisateur devint la marque du futur système politique mexicain.

Les institutions furent reconstruites :

- une **armée nationale** remplaça les milices régionales ;
- un **appareil administratif** se mit en place ;
- les finances publiques furent réorganisées.

Cette consolidation marqua la fin de la guerre civile, mais aussi **le début de l'étatisation du projet révolutionnaire**.

2. Le rôle de l'armée et la militarisation du pouvoir

La Révolution fit du Mexique un pays dirigé par des généraux. Les chefs militaires victorieux — Obregón, Calles, De la Huerta — devinrent présidents ou ministres. L'armée, loin d'être dissoute après la guerre, fut intégrée au cœur de l'État.

Elle joua un double rôle :

- instrument de stabilité et de défense nationale,
- mais aussi **moyen de contrôle politique** sur la société.

Toutefois, à partir de la fin des années 1920, les dirigeants commencèrent à **civiliser** progressivement le régime : le pouvoir devait appartenir à des institutions, non à des caudillos. Cette évolution culminera en 1929 avec la création du **Partido Nacional Revolucionario (PNR)**, ancêtre du PRI, qui visait à **institutionnaliser la Révolution** pour éviter de nouveaux conflits internes.

3. L'Église et l'État : un équilibre fragile

La Révolution, en affirmant la laïcité et la limitation du pouvoir ecclésiastique, relança une **question religieuse explosive**. L'article 130 de la Constitution imposait des restrictions sévères au clergé : interdiction de s'impliquer dans l'éducation, perte de la personnalité juridique, limitations du culte public.

Si Carranza et Obregón appliquèrent ces mesures avec prudence, Calles (1924–1928) choisit la confrontation ouverte. Sa politique anticléricale radicale provoqua la **guerre des Cristeros (1926–1929)**, soulèvement armé des catholiques contre le gouvernement.

Cette crise montra que la Révolution, en cherchant à imposer un État laïc et moderne, devait encore composer avec **une société profondément religieuse**. Le conflit s'acheva par un compromis, mais la méfiance entre Église et pouvoir demeura l'un des traits persistants du Mexique moderne.

III. La transformation culturelle et symbolique du Mexique révolutionnaire

1. L'éducation et la construction d'une identité nationale

La Révolution fit de l'éducation un **instrument de cohésion et de transformation sociale**. Sous l'impulsion de **José Vasconcelos**, ministre de l'Éducation (1921–1924), des milliers d'écoles rurales furent créées. L'objectif n'était pas seulement d'enseigner à lire et écrire, mais de **réconcilier le Mexique avec son peuple**, notamment indigène.

Les instituteurs — véritables missionnaires civiques — portaient la "Révolution culturelle" jusque dans les villages isolés. L'enseignement mêlait savoirs modernes, valeurs patriotiques et respect des traditions locales.

Vasconcelos voulait faire naître une **"race cosmique"**, synthèse des cultures indigènes et européennes, symbole d'un Mexique métissé et universel. Cette idée donna naissance à une identité nationale forte, fondée sur la fierté des origines autochtones et la volonté de progrès.

2. Les arts et la mémoire révolutionnaire

La Révolution inspira une **renaissance artistique sans précédent**. Les artistes devinrent des éducateurs du peuple : peintres, écrivains et musiciens contribuèrent à diffuser les idéaux révolutionnaires.

Les **muralistes** comme **Diego Rivera, José Clemente Orozco** et **David Alfaro Siqueiros** transformèrent les murs publics en fresques monumentales célébrant l'histoire populaire du Mexique :

- les paysans et les ouvriers y étaient représentés comme des héros ;
- les conquistadors, les prêtres et les oligarques y apparaissaient comme des figures d'oppression.

Ces œuvres participèrent à la **construction d'une mémoire collective** et à la diffusion des valeurs d'égalité et de justice sociale. L'art devint ainsi un outil politique et pédagogique, complémentaire de l'école.

3. La Révolution comme mythe fondateur

Au-delà des réformes concrètes, la Révolution devint **le mythe central du Mexique moderne**. Elle fut célébrée dans les discours officiels, les manuels scolaires et les fêtes nationales comme **la naissance d'une nation juste et souveraine**. Même si ses idéaux n'étaient pas toujours respectés, elle offrait une légitimité symbolique à l'État.

Le pouvoir postrévolutionnaire s'en servit pour **légitimer sa continuité** : toute autorité se réclamait désormais de "la Révolution", même quand ses politiques s'en éloignaient. Ainsi, le mythe révolutionnaire devint un ciment idéologique durable, garantissant l'unité nationale au-delà des divergences.

Conclusion

La Révolution mexicaine transforma en profondeur la société et les institutions du pays. Elle mit fin à l'ordre porfirien, consacra de nouveaux droits sociaux, réaffirma la souveraineté nationale et redonna une place centrale aux paysans, aux ouvriers et à la culture populaire.

Mais elle engendra aussi ses contradictions :

- un pouvoir central fort et souvent autoritaire,
- des réformes sociales inachevées,
- et une élite révolutionnaire qui, avec le temps, s'éloigna des masses.

Entre idéalisme et pragmatisme, la Révolution forgea un **nouveau pacte social** qui allait structurer le Mexique tout au long du XXe siècle. Elle fit du pays un **laboratoire politique unique**, où la justice sociale, le nationalisme et l'ordre institutionnel se mêlaient dans un équilibre fragile mais durable.

Partie VI – Le Mexique postrévolutionnaire (1920–1940)

Fiche 27 – Les présidences d'Obregón et de Calles : stabilisation et réformes

Introduction

Au lendemain de la Révolution mexicaine, le pays sort exsangue : les campagnes sont dévastées, les infrastructures ruinées, les institutions effondrées et la population traumatisée par dix années de violence. Entre 1910 et 1920, la guerre civile a détruit l'ordre ancien sans encore établir un nouvel équilibre. C'est dans ce contexte que deux hommes, **Álvaro Obregón** et **Plutarco Elías Calles**, issus du nord révolutionnaire, vont s'atteler à une tâche colossale : **reconstruire l'État, pacifier le pays et donner un cadre durable à la Révolution.**

Leur période, souvent qualifiée de **"phase de consolidation post-révolutionnaire"**, marque la transition entre l'ère des caudillos et la naissance d'un régime institutionnalisé. Elle voit naître les premières politiques sociales, l'affirmation d'un État laïc et fort, et la mise en place d'un système politique centralisé qui dominera le Mexique tout au long du XXe siècle.

I. Álvaro Obregón (1920–1924) : pacification et reconstruction nationale

1. Le retour à la paix et la réconciliation des factions

Quand Obregón prend le pouvoir en 1920, le pays est encore morcelé par les rivalités entre anciens chefs révolutionnaires. Sa première priorité est la **pacification du territoire**. Il choisit une voie pragmatique : intégrer plutôt que combattre. Il propose des postes, des amnisties et des compensations aux anciens adversaires — zapatistes, villistes, constitutionnalistes — afin de les rallier à son gouvernement.

Cette stratégie de conciliation permit de réduire les foyers d'insurrection et de ramener une stabilité relative. Obregón sut aussi **négocier habilement avec les États-Unis**, qui avaient soutenu Carranza mais hésitaient à reconnaître son régime. En 1923, les **accords de Bucareli** rétablirent les relations diplomatiques : en échange de garanties pour les investissements nord-américains, Washington reconnut officiellement son gouvernement.

Cette reconnaissance fut un succès politique, mais elle suscita des critiques : certains y virent une **concession excessive à la puissance étrangère**, compromettant la souveraineté économique du pays. Obregón justifia son pragmatisme au nom d'un objectif supérieur : **stabiliser le Mexique pour reconstruire son économie.**

2. La reconstruction économique et les premières réformes sociales

Sur le plan intérieur, Obregón entreprit une **reconstruction économique prudente mais réelle**. Les infrastructures ferroviaires, détruites par la guerre, furent remises en état ; les finances publiques consolidées ; les salaires stabilisés.

L'un de ses grands succès fut la **réorganisation du monde du travail**. Il s'appuya sur la **Confederación Regional Obrera Mexicana (CROM)**, dirigée par Luis Morones, pour canaliser les revendications ouvrières. Cette alliance inaugura un modèle durable : l'État se posait comme **médiateur entre capital et travail**, protégeant les syndicats tout en les subordonnant à son autorité.

Obregón lança aussi les premières mesures d'**éducation de masse**, convaincu que l'instruction était la clé de la modernisation. Sous l'impulsion du ministre **José Vasconcelos**, des milliers d'écoles rurales furent fondées. L'enseignement devint un instrument d'unification nationale : il diffusait à la fois la langue espagnole, les valeurs républicaines et la fierté d'un Mexique métissé.

Vasconcelos résumait cette vision par une phrase célèbre : "L'éducation doit être le ciment de la nation et l'âme de la Révolution."

Ainsi, le projet éducatif d'Obregón ne se limitait pas à l'alphabétisation ; il visait à **refonder la conscience nationale.**

3. Les limites et la fin du régime obregoniste

Malgré ses réussites, le gouvernement d'Obregón demeura fragile. Les tensions avec certains groupes militaires et religieux persistèrent, et les disparités sociales restaient profondes. L'opposition au sein même du camp révolutionnaire — notamment de De la Huerta — mena à une rébellion en 1923, sévèrement réprimée.

En 1924, Obregón céda le pouvoir à son allié **Plutarco Elías Calles**, mais il demeura influent. Son assassinat en 1928, alors qu'il s'apprêtait à reprendre la présidence, mit un terme brutal à sa trajectoire et précipita la réorganisation du pouvoir.

Son œuvre, néanmoins, fut fondatrice : **il posa les bases de l'État révolutionnaire**, à la fois autoritaire, réformiste et centralisé.

II. Plutarco Elías Calles (1924–1928) : l'État contre les pouvoirs traditionnels

1. La modernisation politique et économique

Calles hérita d'un pays pacifié, mais encore fragile. Son objectif fut d'enraciner la Révolution dans des **institutions solides**, tout en stimulant le développement économique. Il s'attaqua d'abord à la réforme bancaire : création de la **Banque du Mexique (1925)**, destinée à centraliser l'émission monétaire et à stabiliser le système financier.

Il encouragea les investissements publics dans l'irrigation, les routes et l'électricité, amorçant une **industrialisation nationale** modeste mais significative. Cette politique visait à réduire la dépendance envers l'étranger et à renforcer le rôle de l'État comme moteur de la croissance.

Calles lança également une réforme fiscale pour accroître les revenus publics, et entreprit de moderniser l'administration :

- rationalisation de la bureaucratie,
- encadrement des gouverneurs régionaux,
- professionnalisation de l'armée.

Il voulait substituer au pouvoir personnel des caudillos un **État impersonnel, légal et bureaucratique**. Son ambition n'était pas seulement économique, mais **institutionnelle et idéologique**.

2. L'affrontement avec l'Église catholique : la guerre des Cristeros (1926–1929)

L'un des épisodes les plus dramatiques de la présidence de Calles fut son **conflit ouvert avec l'Église catholique**. Alors que la Constitution de 1917 limitait déjà le rôle du clergé, Calles décida d'en appliquer les articles les plus anticléricaux avec une rigueur inédite.

En 1926, il promulgua la **"Loi Calles"**, qui imposait un strict contrôle de l'État sur les prêtres et les institutions religieuses. Les autorités fermèrent des églises, expulsèrent des prêtres étrangers et interdirent l'enseignement religieux.

Cette politique provoqua une insurrection armée dans les campagnes de l'Ouest et du Centre : la **guerre des Cristeros**. Des milliers de paysans, au cri de "Viva Cristo Rey !", prirent les armes contre le gouvernement. Le conflit, d'une violence extrême, fit environ 90 000 morts.

Face à l'ampleur de la révolte, Calles dut finalement négocier, sous la médiation des États-Unis et de l'Église de Rome. En 1929, un compromis mit fin aux hostilités : les prêtres purent reprendre le culte en échange de leur neutralité politique.

Cette guerre révéla la **fracture profonde entre l'État laïc et une société encore très religieuse**. Elle marqua durablement la mémoire nationale et renforça le caractère autoritaire du régime.

3. Le "Jefe Máximo" et la continuité du pouvoir (1928–1934)

Après la mort d'Obregón en 1928, Calles demeura la figure dominante de la politique mexicaine. Bien qu'il n'occupât plus la présidence, il exerça un pouvoir considérable en coulisses : c'est la période dite du **"Maximato"** (du mot "Máximo", son surnom).

Conscient des dangers du pouvoir personnel, Calles chercha à **institutionnaliser la Révolution**. En 1929, il fonda le **Partido Nacional Revolucionario (PNR)**, ancêtre du PRI. L'objectif était d'unifier les différentes factions révolutionnaires dans une structure unique, capable d'assurer la succession politique sans violence.

Le PNR devint un **instrument de stabilité**, permettant une rotation ordonnée des dirigeants tout en maintenant la continuité idéologique du régime. Ce fut le début d'un système inédit, à mi-chemin entre autoritarisme et légitimité populaire, qui allait régner sur le Mexique pendant plus de 70 ans.

III. Réformes sociales et culturelles : bâtir une nouvelle société

1. L'éducation comme mission nationale

Sous Calles comme sous Obregón, l'éducation demeura un pilier central. Des milliers d'écoles rurales furent ouvertes, et le corps enseignant devint un outil de diffusion de la culture révolutionnaire. L'enseignement visait à créer un **citoyen mexicain moderne, laïc et patriote**.

Les programmes scolaires insistaient sur :

- l'histoire nationale et les héros révolutionnaires,
- la valorisation des cultures indigènes,
- l'hygiène, la morale civique et le travail collectif.

Cette réforme éducative contribua à **l'unification linguistique et culturelle du pays**, mais elle se heurta parfois à la résistance des populations rurales, attachées à leurs traditions religieuses.

2. L'art muraliste et la célébration du peuple

Sous la présidence de Calles, les **arts visuels** devinrent un moyen privilégié d'expression politique. Le mouvement muraliste, lancé par Diego Rivera, José Clemente Orozco et David Alfaro Siqueiros, transforma les bâtiments publics en véritables "bibles visuelles" de la Révolution. Les fresques représentaient :

- la lutte contre l'oppression,
- les héros populaires,
- les travailleurs,
- et la fusion entre passé indigène et avenir socialiste.

Ces œuvres contribuèrent à forger un **imaginaire national révolutionnaire**, exaltant la dignité du peuple mexicain et l'unité dans la diversité.

Conclusion

Les présidences d'Obregón et de Calles représentent la **période fondatrice du Mexique moderne**. Elles transformèrent un pays déchiré par la guerre en un État organisé, doté d'institutions durables, d'une idéologie nationale et d'un appareil administratif cohérent.

Mais cette stabilisation eut un prix :

- la centralisation du pouvoir,
- la répression des oppositions,
- et la subordination des forces sociales à l'État.

Le Mexique entra dans une nouvelle ère : celle du **régime postrévolutionnaire**, autoritaire mais réformateur, qui allait s'enraciner avec Calles, se consolider avec Cárdenas, et dominer la vie politique jusqu'à la fin du XXe siècle.

Fiche 28 – La création du PNR et la consolidation du régime révolutionnaire

Introduction

En 1929, le Mexique entre dans une nouvelle phase de son histoire. Après près de vingt ans de bouleversements — guerres civiles, coups d'État, rivalités de chefs —, le pays aspire à la stabilité. Les présidences d'**Álvaro Obregón** et de **Plutarco Elías Calles** ont déjà posé les fondations d'un État centralisé, modernisateur et laïc. Mais la mort d'Obregón en 1928 a révélé la fragilité du système : sans institutions solides, la Révolution risquait de s'effondrer dans une nouvelle spirale de violences.

Calles, conscient de cette menace, comprend qu'il faut **institutionnaliser la Révolution** — c'est-à-dire créer des mécanismes politiques capables de **garantir la succession du pouvoir sans guerre ni assassinat**. De cette volonté naît, en 1929, le **Partido Nacional Revolucionario (PNR)**, véritable pierre angulaire du futur régime révolutionnaire mexicain.

Durant la décennie suivante, le PNR — et ses successeurs, le PRM puis le PRI — va transformer le Mexique : il domestique les élites militaires, structure les masses ouvrières et paysannes, et fonde un modèle politique original, **autoritaire mais stable**, **centralisé mais intégrateur**, où l'État devient l'incarnation de la Révolution elle-même.

I. La fondation du Partido Nacional Revolucionario (PNR) : une révolution institutionnalisée

1. Le contexte du "Maximato" : la recherche d'un nouvel ordre

Après l'assassinat d'Obregón, Calles devient l'homme fort du pays sans être président. Entre 1928 et 1934, trois chefs d'État (Portes Gil, Ortiz Rubio, Abelardo Rodríguez) se succèdent, mais le véritable pouvoir reste entre les mains de Calles, surnommé le **"Jefe Máximo de la Revolución"**. Cette période de transition, appelée le **Maximato**, est marquée par un double défi :

- **Stabiliser le pouvoir politique** pour éviter le retour des caudillos ;
- **Créer un cadre légal** pour canaliser les ambitions et résoudre les conflits entre les factions révolutionnaires.

Calles réalise que la Révolution, pour survivre, doit cesser d'être un mouvement de chefs pour devenir un **système d'institutions**. L'idée est de transformer la légitimité révolutionnaire — née des armes — en une **légitimité politique et électorale**.

Ainsi, le 4 mars 1929, est fondé le **Partido Nacional Revolucionario (PNR)**.

2. Le PNR : un instrument de pacification et de centralisation

Le PNR se présente comme le "parti de la Révolution institutionnalisée". Son objectif n'est pas d'être un parti au sens pluraliste du terme, mais une **coalition de toutes les forces révolutionnaires**: militaires, syndicats, paysans, bureaucrates, intellectuels. Il se veut le seul cadre légitime de la participation politique.

Les principes fondateurs du PNR reposent sur trois axes :

1. **Unité politique** : mettre fin aux divisions internes en intégrant les différents courants dans un même organisme.
2. **Discipline institutionnelle** : garantir la succession présidentielle sans recours à la violence.
3. **Légalité révolutionnaire** : faire de la Constitution de 1917 la référence suprême, tout en adaptant ses principes aux réalités du pouvoir.

Dès sa création, le PNR devient **un instrument de centralisation du pouvoir**. Les gouverneurs, les maires et les dirigeants syndicaux doivent appartenir au parti pour exister politiquement. L'armée, elle aussi, est progressivement subordonnée à l'autorité civile, brisant le cycle des révoltes militaires.

En quelques années, le PNR parvient à **domestiquer les caudillos régionaux** et à consolider un État fort, hiérarchisé, où les décisions se prennent désormais à Mexico.

3. Le PNR et la pacification politique (1929–1934)

Le PNR joue dès ses débuts un rôle stabilisateur. Lors des élections de 1929, il soutient la candidature de **Pascual Ortiz Rubio**, qui l'emporte sur l'opposant José Vasconcelos. Bien que l'élection soit contestée, elle démontre que le pouvoir peut désormais **changer de mains sans guerre** — une première depuis la Révolution.

Le parti devient aussi un outil de **médiation sociale** :

- Il encadre les syndicats à travers la **Confederación General de Obreros y Campesinos de México (CGOCM)** ;
- Il diffuse une idéologie de progrès, de justice sociale et de nationalisme économique ;
- Il promeut la loyauté envers l'État comme une vertu révolutionnaire.

Ainsi, la Révolution cesse peu à peu d'être un souvenir guerrier pour devenir **une institution vivante**, reproduite et administrée par le parti.

II. Les présidences du Maximato (1928–1934) : consolidation du régime et tensions sociales

1. Les présidents sous l'ombre de Calles

Durant le Maximato, trois présidents se succèdent :

- **Emilio Portes Gil (1928–1930)** : il gère la transition immédiate après la mort d'Obregón et met fin à la guerre des Cristeros grâce à une politique de compromis avec l'Église.
- **Pascual Ortiz Rubio (1930–1932)** : il tente de renforcer l'autorité présidentielle, mais démissionne face à l'ingérence constante de Calles.
- **Abelardo L. Rodríguez (1932–1934)** : il poursuit la politique de modernisation économique et lance des projets de développement industriel.

Pendant ces six années, Calles agit comme un **véritable arbitre du pouvoir**. Il désigne les candidats, contrôle le parti, dirige l'armée et supervise la politique économique. Cette situation suscite un malaise croissant : le pays semble avoir remplacé la dictature des caudillos par celle d'un seul homme.

2. Modernisation économique et politique sociale prudente

Malgré ce caractère autoritaire, la période du Maximato voit des progrès notables :

- **Création d'infrastructures** : routes, barrages, écoles techniques.

- **Stimulation de l'industrie nationale** : développement de la métallurgie, du textile et du ciment.

- **Réformes sociales modérées** : certaines terres sont distribuées, mais sans véritable réforme agraire de masse.

La politique économique, influencée par la crise mondiale de 1929, se veut **interventionniste**. L'État soutient la production nationale, crée des entreprises publiques et impose des droits de douane pour protéger l'industrie mexicaine.

Cependant, les inégalités demeurent fortes, et les paysans commencent à douter du caractère réellement "révolutionnaire" du régime. Les syndicats, étroitement surveillés par le PNR, perdent leur autonomie et deviennent **des relais du pouvoir plutôt que des forces contestataires**.

3. L'épuisement du Maximato et l'émergence de Cárdenas

En 1934, Calles désigne **Lázaro Cárdenas** comme candidat du PNR à la présidence. Il pense avoir trouvé un successeur docile, capable de prolonger son influence. Mais très vite, Cárdenas s'émancipe de son mentor.

Soutenu par les masses populaires et les syndicats, il entreprend de **réactiver l'esprit social de la Révolution**. Il se pose en défenseur des ouvriers, des paysans et de la souveraineté nationale. Entre 1935 et 1936, il écarte progressivement Calles et ses partisans du pouvoir, mettant fin au Maximato.

C'est le début d'une nouvelle étape : celle de la **consolidation du régime révolutionnaire par le biais de la réforme sociale et du nationalisme économique**.

III. Lázaro Cárdenas (1934–1940) : le renouveau de la Révolution

1. Le renforcement de l'État social et populaire

Cárdenas rompt avec la bureaucratie calliste et rend au régime sa **dimension populaire et réformatrice**. Il réforme en profondeur le PNR, qu'il transforme en **Partido de la Revolución Mexicana (PRM)** en 1938. Le nouveau parti adopte une structure "corporatiste" : la société est organisée en quatre secteurs intégrés au parti et à l'État :

- Ouvriers,
- Paysans,
- Militaires,
- Bureaucrates.

Ce système assure une **représentation contrôlée des masses**, tout en maintenant la cohésion du régime. En échange de leur loyauté, les organisations populaires reçoivent des bénéfices matériels et politiques : terres, emplois, subventions.

Cárdenas donne ainsi un contenu concret à la Révolution : **justice sociale, redistribution, nationalisme et souveraineté.**

2. La réforme agraire et la nationalisation du pétrole

Deux politiques marquent profondément son mandat :

- **La réforme agraire** :
  Plus de 18 millions d'hectares sont distribués aux paysans, organisés en **ejidos** (propriétés collectives).
  Cette redistribution renforce la base sociale du régime et rompt définitivement avec l'ordre latifundiaire d'avant 1910.

- **La nationalisation du pétrole (1938)** :
  Après un conflit avec les compagnies étrangères, Cárdenas exproprie les entreprises pétrolières et crée **PEMEX**(Petróleos Mexicanos).
  Cet acte symbolise la **souveraineté économique du Mexique** et fait de Cárdenas une figure emblématique du nationalisme latino-américain.

Ces réformes donnent au régime une **légitimité populaire et morale** nouvelle. Elles consacrent l'État comme le garant de la justice sociale et de l'indépendance nationale.

3. La fin d'une époque et la consolidation du modèle politique

À la fin de son mandat, Cárdenas a réussi ce qu'aucun chef révolutionnaire n'avait accompli avant lui : il a **transformé la Révolution en régime stable, structuré et durable.**

L'armée est soumise à l'autorité civile, les syndicats sont intégrés à l'État, et la succession présidentielle est assurée sans violence.

Le Mexique entre alors dans une ère de stabilité politique inédite. Le système fondé par Calles, renforcé par Cárdenas, évoluera en 1946 vers le **Partido Revolucionario Institucional (PRI)**, qui dominera la vie politique jusqu'à la fin du XXe siècle.

Conclusion

Entre 1929 et 1940, le Mexique passe du désordre révolutionnaire à la **construction d'un État fort, centralisé et durable**. La création du PNR marque le début d'une ère nouvelle : celle d'un régime à la fois autoritaire et réformiste, qui se réclame de la Révolution tout en la contrôlant.

Sous Calles, l'institution prime sur le charisme des chefs ; sous Cárdenas, la justice sociale donne à cette institution un contenu populaire.

La combinaison de ces deux héritages fonde le modèle politique mexicain du XXe siècle : un **État paternaliste, nationaliste et corporatiste**, garant de la stabilité mais aussi de la domination d'un parti unique.

Fiche 29 – Le gouvernement de Lázaro Cárdenas et les grandes nationalisations

Introduction

L'élection de **Lázaro Cárdenas** à la présidence du Mexique en 1934 marque un tournant décisif dans l'histoire du pays. Issu du monde rural, ancien général révolutionnaire, disciple de Calles mais profondément attaché aux idéaux populaires de 1910, Cárdenas entreprend de **réconcilier la Révolution avec le peuple**. Il s'oppose à la dérive bureaucratique et autoritaire du régime calliste et cherche à **redonner vie à la promesse sociale et nationaliste de la Constitution de 1917**.

Son mandat, de 1934 à 1940, ne se limite pas à gouverner : il **recompose le système politique, redistribue la terre, renforce l'État**, et **impose la souveraineté économique du Mexique** par des nationalisations spectaculaires, notamment celle du pétrole en 1938. Cárdenas transforme le Mexique rural, encore inégal et dépendant, en un pays engagé sur la voie de la modernisation, du nationalisme économique et de la justice sociale.

I. La rupture avec Calles et la restauration du pouvoir présidentiel

1. Le contexte du Maximato et la tutelle de Calles

Lorsque Cárdenas prend ses fonctions, le pays sort d'une période de tutelle politique : le **Maximato (1928–1934)**, au cours duquel **Plutarco Elías Calles** exerçait le pouvoir réel derrière des présidents dociles. Calles, fondateur du **Partido Nacional Revolucionario (PNR)**, voulait maintenir son influence sur le gouvernement, convaincu que le président devait rester un simple gestionnaire au service du parti et de ses réseaux.

Mais Cárdenas, dès le début, refuse ce rôle de figurant. D'un tempérament calme mais déterminé, il prépare patiemment sa rupture. Dès 1935, il s'appuie sur les organisations populaires — syndicats ouvriers, fédérations paysannes, associations d'enseignants — pour **construire une légitimité autonome**. Cette stratégie culmine en 1936, lorsqu'il **fait expulser Calles du pays**, mettant ainsi fin à l'ère des chefs révolutionnaires tout-puissants.

Cette rupture marque une étape essentielle : désormais, **le pouvoir présidentiel redevient le centre effectif du système politique mexicain**. Cárdenas fonde une présidence forte, légitime et tournée vers la transformation sociale.

2. La réorientation du projet révolutionnaire

Cárdenas ne se contente pas de consolider son autorité ; il redéfinit le sens même de la Révolution. Sous Calles, la Révolution était devenue un **mécanisme d'ordre et de stabilité** ; sous Cárdenas, elle redevient **un projet social et national**. Il en ravive les idéaux : justice, égalité, éducation populaire, souveraineté économique et solidarité envers les plus pauvres.

Pour donner corps à ce renouveau, Cárdenas adopte une **politique de masse** : il va vers le peuple, visite les villages, écoute les paysans, parle avec les ouvriers. Cette proximité en fait un président profondément populaire, perçu non comme un chef autoritaire, mais comme **un guide moral de la nation**. Son style tranche avec celui de ses prédécesseurs : sobre, empathique, pragmatique, il pratique une forme de leadership social et charismatique fondée sur la confiance et la pédagogie politique.

II. La réforme du parti et l'organisation du pouvoir populaire

1. Du PNR au PRM : la refondation politique

En 1938, Cárdenas transforme le **Partido Nacional Revolucionario (PNR)** en **Partido de la Revolución Mexicana (PRM)**. Cette réforme n'est pas un simple changement de nom : c'est une **refonte structurelle du système politique**. Le PRM devient un parti "corporatiste", organisé non autour d'individus mais de **secteurs sociaux intégrés à l'État**.

Il comprend quatre piliers :

- le **secteur ouvrier**, regroupé autour de la **Confederación de Trabajadores de México (CTM)**, dirigée par **Vicente Lombardo Toledano** ;

- le **secteur paysan**, qui est représenté par la **Confederación Nacional Campesina (CNC)** ;

- le **secteur militaire**, garant de la stabilité ;

- le **secteur populaire**, englobant les fonctionnaires, enseignants et petites classes urbaines.

Cette organisation transforme radicalement la relation entre société et État : les masses populaires ne sont plus en dehors du pouvoir, mais **intégrées au sein même du régime**. Le PRM devient un instrument d'éducation politique, de mobilisation sociale et de canalisation des revendications. Il légitime ainsi le contrôle du pouvoir tout en donnant au peuple un sentiment de participation et de reconnaissance.

2. La fonction du corporatisme cardéniste

Le système corporatiste cardéniste repose sur une logique d'échange : l'État garantit des droits, des ressources et des protections, et en retour, les organisations sociales assurent la loyauté envers le gouvernement. Il s'agit d'une alliance paternaliste mais stable entre le pouvoir et les masses.

Ce modèle permet plusieurs avancées :

- Une **réduction des conflits internes** grâce à la médiation étatique.
- Une **stabilisation du pouvoir syndical**, désormais encadré et institutionnalisé.
- Une **éducation politique** des masses, perçue comme condition du progrès national.

Mais ce corporatisme a aussi ses limites : il tend à **étouffer la contestation indépendante** et à transformer les syndicats en instruments du régime. Toutefois, dans le contexte des années 1930, il représente un compromis efficace entre démocratie sociale et autorité politique.

III. La grande réforme agraire : la terre au peuple

1. L'ampleur et la portée sociale de la réforme

La réforme agraire menée par Cárdenas est l'une des plus vastes de l'histoire latino-américaine. Entre 1934 et 1940, près de **18 millions d'hectares** sont redistribués à plus d'un million de paysans. Le principe fondateur est celui des **ejidos**, terres collectives attribuées à des communautés villageoises qui les exploitent de manière coopérative.

L'objectif est triple :

1. **Réparer les injustices historiques** du système latifundiaire hérité de la colonisation.
2. **Accroître la production agricole** en mobilisant les paysans.
3. **Créer une base politique loyale** au régime révolutionnaire.

Cette redistribution de la terre a une portée symbolique immense : elle réconcilie l'État avec le monde rural, cœur battant de la Révolution mexicaine. Pour la première fois, les promesses de Zapata — *"Tierra y Libertad"* — trouvent une concrétisation à l'échelle nationale.

2. Les transformations économiques et sociales

La réforme agraire ne se limite pas à une redistribution foncière ; elle s'accompagne de **mesures structurelles** :

- création de **banques rurales** pour financer les coopératives ;
- introduction de **technologies agricoles modernes** ;
- construction d'infrastructures locales (routes, silos, écoles rurales) ;
- formation d'organisations paysannes pour gérer les ejidos.

Ces politiques transforment la vie rurale : elles donnent aux paysans un rôle politique actif et une dignité nouvelle. Pour la première fois, la campagne devient **un acteur de la nation**, et non une périphérie dominée.

Cependant, le système ejidal connaît aussi des difficultés : les terres attribuées ne sont pas toujours fertiles, les crédits sont limités, et la productivité reste faible. Mais malgré ces limites, la réforme cardéniste laisse un **héritage durable** : un pays où la question agraire est intégrée à la politique d'État.

IV. Le nationalisme économique et la souveraineté nationale

1. L'expropriation du pétrole (1938) : un acte fondateur

Le 18 mars 1938, Cárdenas annonce l'expropriation des compagnies pétrolières étrangères opérant au Mexique, principalement britanniques et américaines. Cette décision, motivée par un conflit social entre les ouvriers et les entreprises, prend une dimension historique : elle affirme la **souveraineté économique du Mexique** et marque une rupture symbolique avec des siècles de domination étrangère.

Cárdenas nationalise l'industrie et crée **PEMEX (Petróleos Mexicanos)**, entreprise publique chargée de l'exploitation du pétrole. Cette mesure suscite un immense élan de fierté nationale : les citoyens participent spontanément à une collecte nationale pour indemniser les compagnies étrangères. Des femmes vendent leurs bijoux, des paysans offrent du maïs : c'est un moment d'unité patriotique exceptionnel.

Sur le plan international, la réaction est tendue — notamment avec les États-Unis et la Grande-Bretagne —, mais la fermeté de Cárdenas, combinée à sa diplomatie prudente, permet d'éviter le conflit ouvert. Le Mexique devient ainsi un **symbole mondial du nationalisme anti-impérialiste**.

2. Les autres nationalisations et la politique industrielle

Outre le pétrole, Cárdenas engage une série d'autres nationalisations : les chemins de fer (1937), les ressources minières, certaines industries de base. L'objectif est de placer les **secteurs stratégiques** sous contrôle national et de réduire la dépendance extérieure.

L'État devient alors **le moteur du développement économique**. Il investit dans l'énergie, les transports, l'éducation technique et la planification. Le capital étranger reste présent, mais sous conditions strictes, dans un cadre de souveraineté encadrée.

Cette politique jette les bases du futur "État développeur" mexicain, qui connaîtra son apogée dans les décennies suivantes.

V. Culture, éducation et identité nationale

1. L'éducation socialiste et la formation du citoyen révolutionnaire

Cárdenas poursuit et amplifie la politique éducative révolutionnaire initiée dans les années 1920. Son but est de **former un citoyen conscient, productif et patriote**. La réforme de 1934 introduit l'**éducation socialiste**, qui promeut les valeurs de solidarité, de travail collectif et de laïcité.

Des milliers d'écoles rurales sont construites ; les instituteurs deviennent les principaux agents du changement social. Ils enseignent non seulement à lire et à écrire, mais aussi à s'organiser, à coopérer, à participer à la vie communautaire. L'éducation devient ainsi **un outil d'émancipation et d'unification nationale**.

2. La culture populaire et l'identité mexicaine

Sous Cárdenas, la culture populaire est valorisée comme un pilier de l'identité nationale. Les arts, la musique, la peinture murale (avec **Diego Rivera**, **David Alfaro Siqueiros**, **José Clemente Orozco**) célèbrent le peuple, la terre et la Révolution. L'État soutient activement cette production culturelle, qui devient **un moyen d'éducation civique et de cohésion nationale**.

Cette renaissance culturelle consolide l'image d'un Mexique fier de ses racines indigènes et révolutionnaires, conscient de sa singularité face aux puissances étrangères.

Conclusion

À la fin de son mandat en 1940, Lázaro Cárdenas laisse un pays transformé. Il a restauré le pouvoir présidentiel, réconcilié la Révolution avec le peuple, redéfini le rôle de l'État et affirmé la souveraineté du Mexique sur ses ressources. Son gouvernement représente **l'apogée du nationalisme révolutionnaire** : un État paternaliste, populaire, progressiste et indépendant.

Certes, ses réformes n'ont pas résolu toutes les inégalités, et ses successeurs en atténueront la portée. Mais l'héritage de Cárdenas demeure fondamental : il a donné au Mexique **un modèle de modernisation enraciné dans la justice sociale et la dignité nationale**.

En un mot : sous Cárdenas, la Révolution mexicaine trouve enfin son équilibre entre **idéaux et institutions, peuple et État, justice et souveraineté**.

Partie VII – Le Mexique moderne (1940–1982)

Fiche 30 – Le "miracle mexicain" : industrialisation et développement (1940–1970)

Introduction

Entre 1940 et 1970, le Mexique connaît une mutation profonde et durable : le passage d'un pays encore majoritairement rural, marqué par les réformes sociales et les luttes agraires de la période cardéniste, à une **nation en voie d'industrialisation rapide**, intégrée à l'économie mondiale et dominée par un État fort et planificateur. Ce processus, qualifié de **"miracle mexicain"**, repose sur un modèle de développement fondé sur la **substitution des importations**, c'est-à-dire la production nationale de biens auparavant importés, et sur une **collaboration étroite entre l'État, le capital national et les grandes entreprises étrangères**.

Ce "miracle" n'est pourtant pas homogène. S'il permet au Mexique de connaître trois décennies de **croissance soutenue (autour de 6 % par an)**, d'expansion urbaine et de modernisation des infrastructures, il creuse aussi **les inégalités régionales et sociales**. L'industrialisation profite aux élites urbaines et au capital industriel, tandis que le monde rural, délaissé, voit s'accentuer la pauvreté et la migration vers les villes. Ce contraste entre progrès économique et stagnation sociale annonce les tensions qui culmineront dans les années 1960 et 1970.

I. Le tournant politique de 1940 : fin du cardénisme et ouverture à la modernisation

1. L'avènement d'Aleman et le changement de paradigme

À partir de la présidence de **Manuel Ávila Camacho (1940–1946)**, le Mexique s'éloigne progressivement du radicalisme social de Cárdenas pour adopter un **modèle plus modéré et technocratique**. Le mot d'ordre n'est plus la redistribution, mais la **stabilité et la croissance**. Le gouvernement cherche à apaiser les tensions sociales, à rétablir la confiance des milieux d'affaires et à attirer les capitaux étrangers nécessaires à la modernisation industrielle.

Le président Camacho se définit lui-même comme un "chrétien modéré", hostile à la lutte des classes et favorable à la réconciliation entre l'Église, les entrepreneurs et l'État. Il inaugure ainsi une ère de **conciliation et de centralisation politique**, marquée par la **discipline du Parti de la Révolution Mexicaine (PRM)**, bientôt transformé en **PRI (Partido Revolucionario Institucional)** en 1946.

Cette période de transition est capitale : elle met en place les **fondements institutionnels du régime priiste**, qui dominera le pays pendant plus de 70 ans. Le président, incarnation de l'État, devient le garant de l'ordre, du progrès et de l'unité nationale.

2. Le contexte international : Seconde Guerre mondiale et relations avec les États-Unis

La Seconde Guerre mondiale joue un rôle déterminant dans la transformation économique du Mexique. Le pays, allié des États-Unis à partir de 1942, bénéficie d'une **demande accrue de matières premières et de produits agricoles**, stimulant la production nationale. En échange, Washington soutient financièrement le gouvernement mexicain et favorise les investissements dans les infrastructures.

Cette coopération se manifeste notamment à travers le **programme Bracero (1942–1964)**, qui permet à des centaines de milliers de travailleurs mexicains d'émigrer temporairement aux États-Unis pour participer à l'effort agricole de guerre. Ces migrations massives, encadrées par l'État, posent les bases d'un **mouvement migratoire durable**, qui marquera profondément la société mexicaine.

La guerre permet aussi au Mexique de consolider sa position diplomatique : pays latino-américain loyal envers les Alliés, il s'impose comme **modèle de stabilité et de modernisation** dans une région agitée.

II. Le modèle de développement industriel

1. La stratégie de substitution des importations

Au cœur du "miracle mexicain" se trouve la **politique de substitution des importations (ISI)**. Cette stratégie, inspirée des théories keynésiennes et des modèles d'industrialisation latino-américains promus par la CEPAL, vise à réduire la dépendance vis-à-vis des produits manufacturés étrangers. L'État encourage la production nationale par des **protections douanières élevées**, des **crédits publics** et la **création**

d'entreprises d'État dans les secteurs stratégiques : sidérurgie, énergie, transports, télécommunications.

Le modèle fonctionne : entre 1940 et 1970, la production industrielle est multipliée par dix, et la structure économique du pays se transforme profondément. L'industrie manufacturière devient le moteur de la croissance, remplaçant l'agriculture comme secteur dominant.

Quelques secteurs symbolisent cette transformation :

- la **sidérurgie**, avec la création d'Altos Hornos de México ;
- l'**automobile**, avec l'implantation de General Motors, Ford et Volkswagen ;
- la **chimie et le pétrole**, sous la direction de PEMEX ;
- les **textiles et les biens de consommation**, produits pour le marché intérieur.

L'État mexicain devient ainsi **l'architecte du développement**, régulateur et investisseur à la fois.

2. L'intervention de l'État et la planification

La croissance du Mexique repose sur un État interventionniste, qui planifie, oriente et soutient les investissements. Des organismes publics, comme la **Banco Nacional de Comercio Exterior** ou la **Nacional Financiera (NAFINSA)**, financent la modernisation industrielle et les grands travaux. Les infrastructures — routes, ports, barrages, chemins de fer — se multiplient, intégrant progressivement le territoire national.

Sous la présidence de **Miguel Alemán Valdés (1946–1952)**, l'État devient explicitement "développeur" : c'est l'ère du **mexicanisme modernisateur**. Alemán, premier civil à accéder à la présidence depuis la Révolution, favorise les entrepreneurs urbains et la classe moyenne émergente. Les villes — en particulier **Mexico, Monterrey et Guadalajara** — deviennent des pôles d'expansion industrielle et de consommation.

Mais cette modernisation rapide s'accompagne d'une **corruption croissante**, d'une concentration du pouvoir politique et d'un accroissement des inégalités. Le modèle mexicain repose sur une alliance entre bureaucratie d'État, capital privé et syndicalisme contrôlé — un équilibre efficace mais fragile.

III. Urbanisation, société et inégalités

1. Explosion urbaine et transformation sociale

Entre 1940 et 1970, la population mexicaine double, passant d'environ 20 à 50 millions d'habitants. L'exode rural s'accélère : des millions de paysans quittent les campagnes, attirés par les emplois industriels et les services urbains. La capitale, Mexico, devient une **métropole tentaculaire**, symbole du progrès mais aussi du déséquilibre territorial.

Les classes moyennes urbaines se développent : fonctionnaires, enseignants, techniciens, employés. Elles deviennent la base sociale du régime, profitant de la croissance et de la stabilité. Mais à côté d'elles, apparaissent de **vastes ceintures de pauvreté**, où s'entassent les nouveaux arrivants dans des bidonvilles dépourvus d'infrastructures.

Cette urbanisation chaotique engendre de nouveaux défis sociaux : logement, santé, transport, pollution. L'État tente d'y répondre par des programmes de logements publics, souvent insuffisants.

2. Les inégalités persistantes

Si la croissance est spectaculaire, sa répartition demeure inégale. Les profits du "miracle" se concentrent dans les zones industrielles et chez les élites urbaines. Les campagnes, elles, stagnent : la réforme agraire est au point mort, et la productivité agricole reste faible.

Le fossé entre ville et campagne s'élargit :

- Les régions du Nord et du Centre profitent du développement industriel et des échanges avec les États-Unis.

- Le Sud (Chiapas, Oaxaca, Guerrero) reste marginalisé, dépendant de l'agriculture de subsistance.

Ces déséquilibres structurels nourriront les **mouvements sociaux des années 1960 et 1970**, et prépareront la contestation de 1968.

IV. Le rôle du PRI et la stabilité autoritaire

1. Le régime du parti hégémonique

Sous le **Partido Revolucionario Institucional (PRI)**, le Mexique connaît une stabilité politique remarquable. Le parti devient un véritable "système politique total" : il intègre les syndicats, contrôle les médias, encadre les organisations sociales et assure la succession présidentielle sans heurts.

Le président sortant désigne son successeur selon la pratique du **"dedazo"**, garantissant la continuité du régime. Le Parlement et la justice restent subordonnés à l'exécutif. Ce système autoritaire mais efficace assure la stabilité nécessaire au développement économique, tout en neutralisant les oppositions.

La légitimité du régime repose sur le **succès économique** : tant que la prospérité est au rendez-vous, la population accepte l'absence de démocratie réelle.

2. Les syndicats et le corporatisme sous contrôle

Les syndicats ouvriers, héritiers du cardénisme, sont intégrés au système par le biais de la **Confederación de Trabajadores de México (CTM)**. Ils bénéficient d'avantages matériels et politiques en échange de leur loyauté. Ce modèle garantit la paix sociale, mais au prix d'une **bureaucratisation** et d'une **corruption syndicale** croissante.

Les grèves sont rares et souvent négociées à l'avance. Le pouvoir maintient une apparence de dialogue social tout en étouffant les mouvements autonomes. Ce corporatisme "discipliné" devient un pilier de la stabilité du "miracle mexicain".

V. Les limites du modèle : tensions et contestations

1. La dépendance extérieure et les déséquilibres économiques

Malgré ses succès, le modèle de développement mexicain reste **dépendant des capitaux et des technologies étrangères**. Les entreprises multinationales dominent plusieurs secteurs clés, notamment l'automobile et la chimie. Les exportations demeurent concentrées sur les produits de base, tandis que les importations de biens d'équipement pèsent sur la balance commerciale.

L'endettement extérieur augmente progressivement, annonçant les crises futures. Le modèle fondé sur la substitution des importations atteint ses limites : la demande intérieure stagne, les infrastructures vieillissent, et l'État peine à moderniser le monde rural.

2. Les premières contestations sociales et étudiantes

À la fin des années 1950 et surtout dans les années 1960, un **nouveau mécontentement social** émerge. Les enseignants, les cheminots, les médecins et les étudiants dénoncent l'autoritarisme du régime et la persistance des inégalités.

Les mouvements étudiants, en particulier, réclament **plus de libertés politiques et de justice sociale**. Cette contestation culminera en **1968**, avec la tragédie de **Tlatelolco**, où l'armée réprime dans le sang une manifestation pacifique à Mexico. Cet événement met fin à l'illusion d'un régime harmonieux et marque la **crise morale du "miracle mexicain"**.

Conclusion

Le "miracle mexicain" fut à la fois **un succès économique et un échec social**. Il permit au pays de devenir une puissance industrielle régionale, dotée d'infrastructures modernes, d'une classe moyenne en expansion et d'un État fort. Mais il engendra aussi **de nouvelles inégalités**, une dépendance accrue vis-à-vis des capitaux étrangers et une concentration du pouvoir politique au sein du PRI.

Le modèle du développement "à la mexicaine" devint une référence en Amérique latine, mais aussi un avertissement : la croissance ne suffit pas à créer la justice. Les tensions accumulées au cours de ces décennies éclateront dans les années 1970, ouvrant une ère de **crises économiques, de contestations sociales et de remise en cause du régime**.

Fiche 31 – Le PRI et la domination du parti unique

Introduction

Entre 1946 et 1982, le **Partido Revolucionario Institucional (PRI)** domine la vie politique mexicaine d'une manière inédite dans le monde démocratique. Ce parti, héritier du Parti de la Révolution Mexicaine (PRM) fondé par Lázaro Cárdenas, devient le **pilier central du système politique mexicain**, garantissant une stabilité remarquable après des décennies de révolutions, de coups d'État et de luttes armées.

Mais cette stabilité a un prix : celui d'un **autoritarisme institutionnalisé**, d'une **démocratie encadrée**, où les élections existent mais ne changent jamais le pouvoir. Le PRI devient un **État-parti**, un organisme tentaculaire mêlant administration, syndicalisme, milieux d'affaires, paysannerie et médias, tous intégrés dans une structure corporatiste savamment organisée.

Cette période, souvent qualifiée de "dictature parfaite" par l'écrivain Mario Vargas Llosa, incarne un paradoxe fascinant : un régime sans pluralisme réel, mais sans dictateur visible, capable de se maintenir grâce à **la persuasion, la cooptation et le consensus social**, plutôt que la seule répression. C'est cette mécanique de pouvoir, subtile et durable, que cette fiche explore.

I. La construction du pouvoir du PRI : de la révolution à l'institutionnalisation

1. La naissance du PRI et la fin du cycle révolutionnaire

En 1946, le président **Manuel Ávila Camacho** transforme le Parti de la Révolution Mexicaine en **Partido Revolucionario Institucional (PRI)**. Ce changement n'est pas qu'une simple réforme de nom : il symbolise la **fin de la Révolution en tant que mouvement social et le début de la Révolution en tant qu'institution**. Le nouveau parti se veut l'héritier légitime du processus révolutionnaire, mais aussi son gardien.

Sous le slogan *"Democracia y justicia social"*, le PRI prétend incarner toutes les forces issues de la Révolution — ouvriers, paysans, militaires et classes moyennes — dans une seule organisation. Il ne se présente pas comme un parti parmi d'autres, mais comme **la nation elle-même organisée**. En réalité, il devient un instrument de **contrôle social et politique**.

Le parti ne cherche pas à susciter la participation citoyenne libre, mais à **intégrer les groupes sociaux** dans un système de loyautés et de dépendances :

- Les ouvriers sont rattachés à la **Confederación de Trabajadores de México (CTM)**, encadrée par le parti.
- Les paysans dépendent de la **Confederación Nacional Campesina (CNC)**.
- Les classes moyennes trouvent leur représentation dans la **Confederación Nacional de Organizaciones Populares (CNOP)**.

Ce **corporatisme hiérarchisé** donne au PRI une base sociale immense, mais aussi une emprise sur tous les secteurs de la société.

2. Le rôle central du président : chef d'État, chef du parti, chef de la nation

Dans ce système, le président de la République occupe une position unique. Il n'est pas seulement un dirigeant politique : il est **le sommet d'un pouvoir totalisant**, arbitre entre les factions du parti, chef des armées, protecteur du peuple et garant de l'unité nationale. Chaque président exerce un mandat unique de six ans — le **sexenio** — sans possibilité de réélection, mais il détient un pouvoir quasi absolu pendant cette période.

Le mécanisme du **"dedazo"** — la désignation du successeur par le président sortant — devient la clé de la continuité du régime. Ce geste symbolique, toujours entouré de mystère et de consensus feint, assure que le pouvoir reste à l'intérieur du cercle du PRI, évitant les luttes ouvertes pour la succession.

Cette pratique donne au régime une **stabilité exceptionnelle** : pas de coup d'État, pas de rupture institutionnelle, pas de violence politique majeure au sommet de l'État. Le pouvoir circule, mais il ne se partage jamais vraiment. Le président est à la fois le **gardien du système et son principal bénéficiaire**.

II. Les piliers du régime : corporatisme, clientélisme et contrôle

1. Le corporatisme d'État : l'encadrement de la société

Le PRI fonde sa légitimité sur un système corporatiste où chaque groupe social a une place et des avantages précis, en échange de sa loyauté.

Ce modèle, inspiré à la fois du cardénisme et de la tradition autoritaire, fonctionne comme un **pacte implicite entre l'État et la société**.

Les syndicats ouvriers, regroupés dans la CTM, sont étroitement liés au pouvoir. En échange de hausses salariales modérées, de privilèges et de subventions, ils acceptent la **paix sociale** et soutiennent les candidats du PRI. Les paysans, eux, dépendent du parti pour l'accès à la terre, aux crédits agricoles et aux programmes de développement rural.

Ce modèle permet à l'État de **prévenir les mobilisations spontanées** : toute contestation passe par les canaux officiels du PRI. Le parti joue ainsi un double rôle : il intègre et neutralise à la fois.

Quelques exemples illustrent cette mécanique :

- Les grèves sont souvent **négociées directement avec les ministères** avant même d'éclater.

- Les leaders syndicaux (charros) deviennent des **médiateurs privilégiés entre le peuple et le gouvernement**, souvent récompensés par des postes politiques.

- Les paysans reçoivent des aides ou des terres à la veille des élections, dans un **échange implicite de loyauté contre assistance**.

Le PRI transforme ainsi le corporatisme en **outil de domination douce**, où la dépendance sociale tient lieu de légitimité.

2. Le clientélisme et le contrôle électoral

Le PRI n'a jamais interdit l'opposition politique — c'est ce qui lui permet de se présenter comme démocratique. Mais il a su **maîtriser les élections au point de les rendre symboliques**. Les candidats de l'opposition existent, mais leurs chances de victoire sont nulles : le système électoral est conçu pour garantir la "victoire utile", c'est-à-dire celle du PRI.

Le **clientélisme électoral** devient la norme : l'État distribue subventions, emplois publics, logements ou services en échange du vote. Les campagnes électorales ne sont pas des affrontements idéologiques, mais des **rituels de légitimation**. Les urnes valident ce que le pouvoir a déjà décidé.

Des pratiques comme le **bourrage d'urnes**, les "votes fantômes" ou les "actas infladas" sont courantes, mais socialement acceptées, car elles assurent la continuité d'un système perçu comme protecteur.

La presse, largement subventionnée, diffuse le discours officiel, glorifiant les présidents successifs comme des **bâtisseurs de la nation moderne**. Les médias privés sont tolérés, à condition de rester dans les limites fixées par le ministère de l'Intérieur.

III. Les présidences de la stabilité (1946–1970)

1. De Miguel Alemán à López Mateos : l'âge d'or du régime

Entre 1946 et 1970, le PRI atteint son apogée. Sous les présidences de **Miguel Alemán (1946–1952), Adolfo Ruiz Cortines (1952–1958), Adolfo López Mateos (1958–1964)** et **Gustavo Díaz Ordaz (1964–1970)**, le pays connaît une croissance continue, une paix politique apparente et une consolidation institutionnelle sans précédent.

Le régime se présente comme un **modèle de stabilité latino-américaine**, contrastant avec les coups d'État militaires qui secouent alors la région. Le président symbolise la modernité : c'est un technocrate, entouré d'économistes et d'administrateurs formés aux États-Unis.

Sous López Mateos, le gouvernement adopte un ton plus nationaliste, avec la nationalisation de l'industrie électrique (1960) et des politiques sociales ambitieuses. Mais cette prospérité repose sur un équilibre fragile :

- une économie dépendante des capitaux étrangers ;
- une classe moyenne croissante mais frustrée ;
- une jeunesse éduquée qui réclame plus de liberté.

2. Le système politique verrouillé

Le PRI fonctionne comme une **machine à absorber les tensions**. Chaque secteur mécontent se voit offrir des compensations matérielles, des postes ou des subventions. Les opposants les plus virulents sont cooptés : on leur propose un mandat, une fonction ou une ambassade. Ce **système d'intégration par le haut** évite l'explosion sociale.

Pourtant, à la fin des années 1960, les signes de fatigue du modèle apparaissent. Le contrôle politique devient plus répressif : les grèves étudiantes et syndicales sont surveillées, les manifestations dispersées. L'épisode tragique du **massacre de Tlatelolco (1968)**, où l'armée tire sur des étudiants à Mexico, brise l'image du régime paternaliste. Pour la première fois, le PRI perd sa légitimité morale auprès d'une partie de la population.

IV. L'érosion du modèle (1970–1982)

1. Les présidences d'Echeverría et de López Portillo : entre populisme et crise

Après 1970, le PRI tente de se réinventer. Sous **Luis Echeverría (1970–1976)**, l'État relance un discours social, se réclamant de la Révolution et promettant une redistribution des richesses. Mais les finances publiques s'effondrent sous le poids des dépenses et de la corruption. Le président, tout en se posant en "ami du peuple", intensifie la répression contre les dissidents : c'est la période de la **"guerre sale"**, marquée par des disparitions forcées et des tortures.

Son successeur, **José López Portillo (1976–1982)**, tente de sauver le modèle grâce au boom pétrolier. La découverte de nouveaux gisements donne l'illusion d'une prospérité retrouvée, mais la dépendance au pétrole devient dangereuse. Lorsque les prix s'effondrent, le pays entre dans une crise économique majeure : **inflation, dette, chômage**.

Le PRI, incapable de réformer son modèle, voit sa légitimité s'effriter.

2. Les premières fissures du régime

À la fin des années 1970, la société mexicaine se transforme plus vite que son système politique. Les médias s'émancipent partiellement, la société civile se renforce, les mouvements étudiants et féministes émergent, et l'opposition de gauche gagne du terrain.

Le PRI, figé dans ses pratiques clientélistes, ne parvient plus à canaliser ces nouvelles forces. Les fraudes électorales deviennent trop visibles, les promesses de redistribution trop vaines. Le modèle du parti unique entre en crise, miné par **la corruption systémique, la perte de crédibilité et les déséquilibres économiques**.

Conclusion

De 1946 à 1982, le PRI a incarné un modèle politique singulier : **ni démocratie libérale, ni dictature militaire**, mais un régime hybride fondé sur le consensus, le contrôle et la distribution des bénéfices de la croissance. Ce système a assuré au Mexique une stabilité rare, mais au prix de la liberté politique et de la transparence.

En 1982, avec la crise économique et la perte de légitimité du pouvoir, le cycle du "miracle mexicain" et du parti hégémonique s'achève. Le PRI reste au pouvoir encore deux décennies, mais il ne retrouvera jamais la même autorité morale ni la même cohésion. La fin du XXe siècle verra s'ouvrir le long processus de **démocratisation du Mexique**, amorcé dans la douleur mais nourri par un siècle d'apprentissage autoritaire.

Fiche 32 – Tlatelolco 1968 : contestation et crise politique

Introduction

L'année 1968 marque une césure dans l'histoire du Mexique moderne. Le massacre de **Tlatelolco**, le 2 octobre, sur la place des Trois Cultures à Mexico, met fin à l'image d'un pays pacifié, stable et en marche vers la modernité que le régime du **PRI** avait soigneusement construite depuis la Seconde Guerre mondiale.

Au moment même où la capitale se préparait à accueillir les **Jeux olympiques** – vitrine d'un Mexique moderne, industrialisé et ouvert sur le monde –, des milliers d'étudiants, d'ouvriers et d'intellectuels descendaient dans les rues pour réclamer des réformes démocratiques, la fin de la répression et plus de libertés civiles. Le gouvernement du président **Gustavo Díaz Ordaz**, craignant une déstabilisation de son autorité, répondit par une violence extrême.

Ce drame, longtemps nié par les autorités, révéla au grand jour **le visage autoritaire du régime** et provoqua un choc durable dans la conscience nationale. Plus qu'une tragédie, Tlatelolco devint un symbole : celui de la **rupture entre le peuple et l'État**, entre la promesse révolutionnaire du PRI et la réalité répressive d'un pouvoir figé.

I. Le contexte politique et social du Mexique des années 1960

1. Un pays en pleine modernisation économique

Les années 1960 s'inscrivent dans la continuité du **"miracle mexicain"**, cette période de croissance rapide et de stabilité politique amorcée dans les années 1940. L'économie mexicaine se développe à un rythme impressionnant : industrialisation accélérée, urbanisation massive, émergence d'une classe moyenne éduquée. Les infrastructures se multiplient, le niveau de vie moyen s'élève, et le Mexique semble incarner le succès du développement contrôlé par l'État.

Mais cette prospérité cache de profondes **inégalités sociales**. Les campagnes restent marquées par la pauvreté et la dépendance, tandis que dans les villes, les ouvriers et étudiants constatent que la richesse profite surtout aux élites bureaucratiques et industrielles liées au pouvoir. L'ascension sociale promise par la croissance se révèle limitée et inéquitable.

Le gouvernement, dirigé par **Gustavo Díaz Ordaz** (1964–1970), incarne la technocratie autoritaire du PRI : des hommes d'État efficaces, rigoureux, mais fermés à la critique et obsédés par l'ordre. Cette rigidité politique entre en contradiction avec une société de plus en plus instruite et connectée au monde.

2. Le poids de l'autoritarisme et le modèle du "parti unique"

Sous la surface du progrès, le Mexique reste un **régime autoritaire déguisé en démocratie**. Le **PRI**, dominant depuis 1929, contrôle les institutions, les syndicats, la presse et les élections. Toute opposition politique est marginalisée ou cooptée.

Le président détient un pouvoir quasi absolu : il désigne les gouverneurs, les parlementaires, et son successeur. Les libertés syndicales et étudiantes existent sur le papier, mais les mouvements autonomes sont systématiquement infiltrés ou neutralisés.

Dans ce contexte, **les étudiants des universités publiques** apparaissent comme la première génération à remettre en question le discours officiel. Ils bénéficient d'une éducation plus critique, d'un accès à la culture internationale, et ils observent les bouleversements du monde : mai 68 à Paris, la contestation contre la guerre du Vietnam, les luttes pour les droits civiques aux États-Unis. L'esprit de contestation global trouve un écho particulier au Mexique, où la modernité économique ne s'est pas accompagnée d'une modernité politique.

II. La genèse du mouvement étudiant (juillet–septembre 1968)

1. L'étincelle initiale : la répression policière à Mexico

Le 22 juillet 1968, une rixe éclate entre élèves de deux écoles de Mexico – l'une technique, l'autre préparatoire. Ce qui aurait dû rester un incident mineur dégénère lorsque la **police antiémeute** intervient avec une brutalité disproportionnée, pénétrant dans les locaux scolaires, frappant des étudiants et arrêtant arbitrairement plusieurs d'entre eux.

Cette intervention choque profondément la jeunesse urbaine et universitaire. Les étudiants y voient le symbole d'un pouvoir autoritaire qui refuse toute expression autonome. Rapidement, des assemblées sont organisées dans les universités, notamment à l'**UNAM (Universidad Nacional Autónoma de México)** et à l'**IPN (Instituto Politécnico Nacional)**.

Le mouvement s'élargit, gagnant les professeurs, les intellectuels et certains ouvriers. En quelques semaines, une **Coalition nationale de comités de grève (CNH)** se forme, unissant pour la première fois différentes universités et écoles du pays.

2. Les revendications du mouvement étudiant

Contrairement à ce que prétend le gouvernement, le mouvement n'est pas révolutionnaire ni inspiré par une conspiration étrangère. Ses revendications sont claires, civiques et pacifiques :

- la libération des prisonniers politiques ;
- la suppression du corps des "grenadiers" (police antiémeute) ;
- la fin de la répression et de l'impunité policière ;
- la démission des responsables des violences ;
- le respect des libertés démocratiques inscrites dans la Constitution.

Les étudiants ne remettent pas en cause la légitimité du système dans son ensemble, mais ils exigent **une démocratisation réelle**, un espace pour le débat et la critique. Leur mouvement symbolise l'éveil d'une conscience civique dans un pays habitué au contrôle étatique.

Face à cette mobilisation inédite, le gouvernement répond par une stratégie de **dénigrement et de peur** : il accuse les étudiants d'être manipulés par des "agents communistes" et déploie l'armée dans les rues de Mexico.

III. L'explosion du conflit et le massacre du 2 octobre

1. La radicalisation du pouvoir

À mesure que la contestation s'étend, le président Díaz Ordaz se persuade qu'il s'agit d'un complot visant à déstabiliser le pays à la veille des Jeux olympiques. Pour lui, céder aux étudiants serait un signe de faiblesse inacceptable, susceptible de ternir l'image du Mexique sur la scène internationale.

En août 1968, l'armée occupe le campus de l'UNAM, puis celui de l'IPN. Des centaines d'étudiants sont arrêtés, d'autres se réfugient dans les églises.

Le dialogue devient impossible : chaque tentative de négociation est rompue par la méfiance.

Le 1er octobre, le gouvernement annonce qu'il a "rétabli l'ordre". Le lendemain, des milliers d'étudiants et de citoyens se rassemblent pacifiquement sur la **place des Trois Cultures**, dans le quartier de **Tlatelolco**, pour une ultime manifestation.

2. Le massacre de Tlatelolco

Le 2 octobre 1968, peu avant 18h, des troupes de l'armée et des membres du **Bataillon Olimpia** encerclent la place. Alors que les leaders étudiants prennent la parole, des fusées lumineuses sont tirées dans le ciel : c'est le signal. Les soldats ouvrent le feu sur la foule.

Pendant plusieurs heures, les coups de feu résonnent. Des centaines de personnes sont tuées ou blessées, bien que le gouvernement n'ait jamais reconnu de chiffre officiel. Des témoins parlent de **corps ramassés à la hâte**, de disparitions, d'arrestations massives. Le sang se mêle aux drapeaux, et la nuit tombe sur une place jonchée de morts.

Le lendemain, le gouvernement nie toute responsabilité, affirmant que les étudiants avaient tiré les premiers. La presse, muselée, relaie la version officielle. Les Jeux olympiques s'ouvrent quelques jours plus tard dans un climat de silence et de peur.

IV. Les conséquences immédiates et à long terme

1. Le choc moral et la perte de confiance

Tlatelolco détruit le mythe du régime bienveillant. Pour la première fois, une partie importante de la société – intellectuels, professeurs, journalistes, prêtres – prend conscience du caractère répressif de l'État. Le pacte social implicite entre le PRI et la population est brisé.

Des écrivains comme **Octavio Paz** démissionnent de leurs fonctions diplomatiques en signe de protestation. Des artistes, des étudiants et des universitaires refusent désormais de collaborer avec le régime. Un sentiment d'humiliation collective s'installe : comment un gouvernement se réclamant de la Révolution pouvait-il massacrer sa propre jeunesse ?

2. La continuité du système malgré la crise

Malgré le scandale, le PRI conserve le pouvoir. Les institutions, l'armée et les médias restent loyaux au régime. Díaz Ordaz achève son mandat et, selon la tradition du "dedazo", désigne son successeur, **Luis Echeverría Álvarez**, ministre de l'Intérieur au moment du massacre.

Mais sous cette continuité apparente, une fissure irréversible s'est ouverte. Le système politique, jadis incontesté, commence à perdre sa légitimité morale. Tlatelolco devient un **traumatisme fondateur pour la conscience démocratique mexicaine**.

V. Héritage et mémoire de Tlatelolco

Le massacre de Tlatelolco a profondément marqué la mémoire nationale. Pendant des décennies, l'État a tenté de le dissimuler ou de le minimiser, mais la société civile a entretenu la mémoire des victimes à travers des œuvres, des commémorations et des enquêtes.

Dans les années 1990, des documents militaires déclassifiés confirment la responsabilité directe de l'armée et du gouvernement. Le massacre est désormais reconnu comme un **crime d'État**, symbole d'une époque où le pouvoir préférait la répression au dialogue.

Chaque année, le 2 octobre, des marches commémoratives ont lieu à Mexico, rassemblant étudiants, syndicats et familles de victimes sous le slogan : **"2 de octubre no se olvida"** — Le 2 octobre ne s'oublie pas.

Conclusion

Le massacre de 1968 marque la **fin du rêve d'un Mexique harmonieux sous la tutelle du PRI**. Il révèle la fracture entre l'État et la société, entre la modernisation économique et la stagnation politique. Il inaugure aussi une ère nouvelle : celle de la contestation civique, des mouvements sociaux autonomes, et de la lente transition vers la démocratie.

Tlatelolco n'a pas été seulement une tragédie : il a été une **prise de conscience nationale**, un point de non-retour dans l'histoire politique du Mexique moderne. Derrière le silence imposé, une génération entière s'est éveillée — celle qui, des décennies plus tard, osera remettre en cause le monopole du PRI et réclamer, enfin, un véritable État de droit.

Fiche 33 – Les difficultés économiques des années 1970 et 1980

Introduction

Les décennies 1970 et 1980 constituent pour le Mexique une période charnière, marquée par la **fin du miracle économique** et l'entrée dans une ère d'incertitude et de désillusion. Alors que les années 1940–1960 avaient symbolisé la stabilité, la croissance et le progrès, les décennies suivantes révèlent **les fragilités profondes du modèle de développement mexicain**, fondé sur la substitution aux importations et le contrôle de l'État sur l'économie.

Ce qui avait été un succès – l'industrialisation rapide et la modernisation des infrastructures – devient un piège : la dette, la dépendance au pétrole et les déséquilibres sociaux explosent. Le Mexique se retrouve confronté à **une spirale de crises économiques, monétaires et sociales** qui bouleversent son équilibre politique et font vaciller le pouvoir du Parti révolutionnaire institutionnel (PRI).

Dans ce contexte, deux présidences illustrent ce basculement : celle de **Luis Echeverría Álvarez (1970–1976)**, marquée par un populisme économique expansionniste, et celle de **José López Portillo (1976–1982)**, fondée sur l'espoir pétrolier et terminée dans la banqueroute. Ces années constituent une **leçon historique** sur les limites du dirigisme économique et sur la vulnérabilité d'un modèle dépendant des ressources naturelles et du crédit international.

I. L'héritage du modèle de substitution aux importations

1. Les fondements du "miracle mexicain" et leurs faiblesses cachées

Depuis les années 1940, le Mexique avait adopté un modèle de développement basé sur la **substitution aux importations (ISI)** : produire sur le territoire national ce qui était auparavant importé. Ce modèle, soutenu par un État fort et interventionniste, avait permis une croissance soutenue : le PIB augmentait d'environ 6 % par an entre 1940 et 1970, une performance remarquable. L'État investissait massivement dans les infrastructures, soutenait l'industrie nationale par des tarifs douaniers élevés et favorisait la consommation intérieure.

Mais derrière cette réussite se cachait une série de déséquilibres structurels :

- une **dépendance croissante à l'investissement public** et au financement extérieur ;

- une **industrialisation concentrée dans les grandes villes**, laissant les campagnes dans la pauvreté ;

- un **déséquilibre fiscal chronique**, les recettes fiscales ne suivant pas les dépenses publiques ;

- et une **concentration extrême des revenus** : une minorité bénéficiait de la croissance, tandis que la majorité restait à l'écart du progrès.

Ce modèle, efficace à court terme, devenait insoutenable à mesure que la population augmentait et que les inégalités s'aggravaient. Le Mexique entrait dans les années 1970 avec une économie fragile, vulnérable aux chocs externes et minée par la méfiance sociale.

2. Les tensions sociales et politiques héritées de 1968

L'héritage de Tlatelolco pèse lourdement sur la présidence de **Luis Echeverría Álvarez**, ancien ministre de l'Intérieur au moment du massacre. Pour restaurer la légitimité du régime, Echeverría tente d'ouvrir le système et de réconcilier le pouvoir avec la jeunesse et les classes populaires. Il promet une "démocratie participative" et un État social renouvelé.

Sur le plan économique, cela se traduit par une **politique keynésienne agressive** : augmentation des salaires, subventions massives, programmes de logement, d'éducation et de santé, et expansion du secteur public. Mais ces mesures, financées par un endettement croissant, provoquent rapidement **un déficit budgétaire** et une montée de l'inflation.

Echeverría se veut le champion d'un État social actif, mais il n'en réforme pas les structures profondes. Son administration multiplie les dépenses sans réformer la fiscalité, créant une économie dopée à la dépense publique, mais sans base solide. En tentant de réconcilier croissance et justice sociale sans discipline budgétaire, il précipite la première grande crise de la période moderne.

II. Les présidences d'Echeverría et de López Portillo : expansion, pétrole et effondrement

1. Luis Echeverría (1970–1976) : le populisme économique

Echeverría mène une politique économique ambitieuse, baptisée par ses conseillers "développement partagé". Elle vise à corriger les inégalités sans remettre en cause le contrôle de l'État sur l'économie. Mais cette stratégie, bien qu'idéologiquement séduisante, s'avère désastreuse sur le plan financier.

L'État augmente considérablement les dépenses publiques et les salaires, tandis que les recettes stagnent. Le déficit se creuse, la balance des paiements se détériore et le peso est soumis à une pression croissante. Pour financer son programme, le gouvernement contracte des emprunts massifs à l'étranger, profitant d'un contexte international favorable marqué par **des taux d'intérêt bas et un accès facile au crédit**.

Cependant, dès 1976, la confiance des investisseurs s'effondre : fuite des capitaux, inflation galopante et **dévaluation brutale du peso**. Pour la première fois depuis la Seconde Guerre mondiale, le Mexique connaît une crise monétaire majeure. Echeverría quitte le pouvoir dans le discrédit, laissant une économie exsangue et une société divisée entre frustration et colère.

2. José López Portillo (1976–1982) : l'euphorie pétrolière

L'élection de **José López Portillo** s'accompagne d'un vent d'espoir. Peu après son arrivée au pouvoir, d'immenses **gisements pétroliers** sont découverts dans le golfe du Mexique. Le pétrole semble offrir une solution miraculeuse aux problèmes du pays : de nouvelles ressources, une croissance assurée, et la possibilité de financer les réformes sociales promises.

Le gouvernement met alors en place une stratégie de développement fondée sur **l'exploitation intensive du pétrole**. L'État devient le principal acteur du secteur à travers **PEMEX (Petróleos Mexicanos)**, qui connaît une expansion spectaculaire. Les revenus pétroliers permettent de financer de grands projets d'infrastructure, des subventions agricoles et une politique extérieure ambitieuse.

Entre 1977 et 1981, le PIB du Mexique augmente de plus de 8 % par an. Le pays est célébré par les institutions financières internationales comme un "modèle de développement du Tiers Monde".

Mais cette prospérité repose sur un **mirage** : le crédit international et la spéculation sur les prix du pétrole. Lorsque les cours chutent en 1981 et que les taux d'intérêt mondiaux augmentent, le Mexique se retrouve incapable de rembourser sa dette. En 1982, la situation devient intenable : fuite des capitaux, nouvelle dévaluation du peso et effondrement des réserves. López Portillo, impuissant, nationalise le système bancaire dans un dernier geste symbolique, avant de quitter le pouvoir en larmes, déclarant : "Je livrerai le Mexique sans crise… et je ne l'ai pas pu."

III. La crise de la dette et les années perdues (1982–1988)

1. L'effondrement de 1982 : le début d'une décennie noire

L'année 1982 marque le début d'une **crise sans précédent** dans l'histoire économique du Mexique. Le pays annonce qu'il ne peut plus faire face à ses obligations financières, provoquant une panique sur les marchés internationaux. Les banques étrangères suspendent leurs crédits, et le Mexique devient le **premier grand pays du monde en développement à déclarer un moratoire sur sa dette.**

Cette crise a des effets dévastateurs :

- chute de la production industrielle ;
- inflation dépassant 100 % ;
- effondrement du peso ;
- explosion du chômage urbain et de la pauvreté.

Les années 1980 deviennent connues comme **"la décennie perdue"** (*la década perdida*) : la croissance est nulle, la dette continue d'augmenter, et les inégalités se creusent encore. Le rêve du "miracle mexicain" appartient désormais au passé.

2. Le tournant néolibéral : Miguel de la Madrid et les réformes d'ajustement

Élu en 1982, **Miguel de la Madrid** hérite d'un pays ruiné. Sous la pression du **FMI** et de la **Banque mondiale**, il adopte une politique de **réajustement structurel** : réduction des dépenses publiques, privatisations, ouverture aux investissements étrangers, et libéralisation du commerce.

Ce tournant marque **la fin du modèle de développement étatique** mis en place depuis les années 1930. L'État, jadis moteur de la croissance, devient gestionnaire d'une austérité imposée de l'extérieur. Les subventions agricoles sont réduites, les prix augmentent, et le pouvoir d'achat des classes populaires s'effondre.

Si ces réformes stabilisent la macroéconomie à long terme, elles provoquent à court terme une **dégradation dramatique des conditions de vie** : chômage, exode rural, informalité urbaine, et montée des tensions sociales. Le séisme de 1985, qui dévaste Mexico, vient symboliquement révéler **l'incapacité d'un État centralisé à répondre aux besoins de sa population**. C'est aussi le moment où émergent des mouvements citoyens autonomes, préfigurant la société civile mexicaine moderne.

Conclusion

Les années 1970 et 1980 marquent la **fin d'une ère et le début d'une autre**. L'État mexicain, autrefois omnipotent, voit son rôle redéfini sous la pression de la dette, de la mondialisation et des institutions financières internationales. La promesse du progrès par la planification et le contrôle s'effondre, laissant place à une **idéologie néolibérale** qui dominera les décennies suivantes.

Mais ces crises, aussi violentes soient-elles, ont aussi eu un effet libérateur : elles ont révélé les limites du système politique du PRI et ouvert la voie à une nouvelle exigence de transparence, de responsabilité et de pluralisme. Le Mexique sort affaibli économiquement, mais **en quête de renouveau politique**. C'est dans ces ruines que s'enracine la transition démocratique des années 1990 et l'entrée du pays dans la mondialisation contemporaine.

Partie VIII – Crises, réformes et ouverture démocratique (1982–2000)

Fiche 34 – La crise de la dette et les réformes structurelles

Introduction

Le début des années 1980 représente une rupture historique pour le Mexique. L'ancien modèle de développement fondé sur la substitution aux importations, la protection douanière et un État planificateur, s'effondre sous le poids de la dette, de l'inflation et de la perte de compétitivité. L'année 1982, avec la **crise financière et le défaut de paiement de la dette extérieure**, marque le point de non-retour : le pays entre dans une période d'austérité, de réformes structurelles et de redéfinition de son identité économique.

Ce tournant ne fut pas seulement économique : il transforma aussi la société et la politique mexicaines. La crise mit en évidence la fragilité d'un modèle fondé sur le pétrole et sur la dépendance au financement extérieur, mais aussi **les limites d'un système politique centralisé et autoritaire**, dirigé par un parti unique — le **PRI (Partido Revolucionario Institucional)** — depuis plus de cinquante ans.

Entre 1982 et 2000, trois présidents successifs – **Miguel de la Madrid, Carlos Salinas de Gortari et Ernesto Zedillo** – conduisent une série de réformes d'ampleur inédite : privatisations, dérégulation, libéralisation commerciale, et ouverture au capital étranger. Le Mexique se réinvente sous la contrainte, en cherchant à devenir une économie moderne intégrée à la mondialisation.

I. 1982 : la crise de la dette et la fin d'un modèle

1. Les causes profondes du désastre

La crise de 1982 ne surgit pas de nulle part. Elle résulte de **décennies d'endettement et d'un modèle de croissance artificiellement soutenu par le crédit international**. Pendant les années 1970, les gouvernements mexicains – notamment celui de José López Portillo – ont multiplié les emprunts pour financer leurs ambitions industrielles et sociales, comptant sur la hausse du prix du pétrole pour rembourser leurs dettes.

Mais à partir de 1981, le contexte international se retourne brutalement :

- les **prix du pétrole s'effondrent**, réduisant les revenus de l'État mexicain ;
- les **taux d'intérêt internationaux augmentent**, rendant la dette plus coûteuse ;
- les **banques américaines** réduisent leurs prêts aux pays en développement, craignant un effet domino après la crise latino-américaine.

Le Mexique, incapable de rembourser ses créanciers, annonce le 20 août 1982 qu'il suspend le paiement de sa dette extérieure. Ce geste historique ébranle la finance mondiale et entraîne une **crise de confiance majeure**. L'économie s'effondre : le peso se dévalue, l'inflation dépasse 100 %, les salaires réels chutent et le chômage urbain explose.

Cette crise symbolise la **fin du modèle de développement étatiste** hérité de la Révolution mexicaine : le pays doit désormais se réinventer.

2. Miguel de la Madrid (1982–1988) : le tournant de l'austérité et de la libéralisation

Miguel de la Madrid hérite d'un pays ruiné, mais aussi d'un moment historique où le Mexique doit redéfinir son rôle dans l'économie mondiale. Sous la pression du **Fonds monétaire international (FMI)** et de la **Banque mondiale**, il engage un programme d'**ajustement structurel** visant à restaurer la stabilité macroéconomique et la crédibilité internationale.

Cette politique repose sur trois piliers :

- **Réduction du déficit public**, par la compression des dépenses et le gel des salaires publics ;
- **Privatisation d'entreprises d'État**, souvent déficitaires, pour réduire la charge budgétaire ;
- **Ouverture commerciale**, avec la diminution progressive des droits de douane.

L'objectif est double : **rétablir la confiance des marchés** et **moderniser l'économie mexicaine**. Mais les conséquences sociales sont dramatiques. Le niveau de vie s'effondre, la pauvreté s'étend, et des millions de Mexicains rejoignent le secteur informel.

Les catastrophes naturelles aggravent la situation. Le **tremblement de terre de 1985 à Mexico**, qui fait des milliers de victimes, révèle la faiblesse d'un État bureaucratique et corrompu, incapable de secourir efficacement sa population. Pourtant, ce drame déclenche aussi **l'émergence d'une société civile indépendante**, qui s'organise en dehors du contrôle du PRI — un signe avant-coureur de la démocratisation future.

II. Les années Salinas (1988–1994) : modernisation et paradoxes du néolibéralisme

1. L'élection contestée de 1988 et la légitimité en question

L'élection présidentielle de 1988 constitue un moment crucial. Le candidat du PRI, **Carlos Salinas de Gortari**, est proclamé vainqueur dans des conditions très controversées : un **"panne informatique"** pendant le dépouillement des votes interrompt le comptage et permet au PRI de conserver le pouvoir face au candidat de gauche **Cuauhtémoc Cárdenas**, fils du célèbre président Lázaro Cárdenas.

Cette crise de légitimité pousse Salinas à gouverner avec prudence mais aussi avec une détermination technocratique inédite. Formé à Harvard, convaincu de la nécessité d'intégrer le Mexique à l'économie mondiale, il met en œuvre une série de **réformes libérales radicales**.

2. Les réformes économiques et l'ouverture commerciale

Sous Salinas, le Mexique connaît une transformation spectaculaire. Le président cherche à rompre avec la stagnation des années 1980 et à faire du pays un partenaire compétitif sur la scène mondiale.

Les principales mesures comprennent :

- la **privatisation massive** d'entreprises publiques, dont la compagnie téléphonique Telmex, les aciéries et les banques ;
- la **réduction du rôle de l'État** dans les secteurs clés de l'économie ;
- la **réforme agraire de 1992**, qui met fin au caractère inaliénable des *ejidos* (terres communautaires), ouvrant la voie à la propriété privée rurale ;

- et la **libéralisation commerciale**, préparant la signature du **Traité de libre-échange nord-américain (ALENA/NAFTA)** avec les États-Unis et le Canada.

Salinas devient l'incarnation du **tournant néolibéral latino-américain** : son objectif est d'intégrer le Mexique dans la globalisation en en faisant une économie ouverte, stable et moderne. Les indicateurs économiques s'améliorent : inflation maîtrisée, croissance soutenue, confiance des investisseurs. Mais les inégalités sociales se creusent dangereusement, et une grande partie de la population reste exclue des bénéfices de cette modernisation.

3. Les contradictions du "miracle Salinas"

Le discours de la modernisation masque une réalité plus sombre :

- le **secteur informel** continue de croître, absorbant la majorité des nouveaux travailleurs ;

- les **paysans** sont déstabilisés par la fin des subventions agricoles et la réforme agraire ;

- la **corruption** et le népotisme persistent au sein du PRI, malgré les promesses de moralisation ;

- enfin, la **concentration des richesses** atteint des niveaux extrêmes, symbolisée par l'ascension d'un nouvel entrepreneur, Carlos Slim, devenu milliardaire grâce à la privatisation de Telmex.

L'année 1994 expose brutalement ces contradictions : le 1er janvier, jour de l'entrée en vigueur de l'ALENA, éclate le **soulèvement zapatiste** dans le Chiapas, dénonçant l'exclusion sociale et la trahison des idéaux révolutionnaires. Quelques semaines plus tard, l'assassinat du candidat présidentiel **Luis Donaldo Colosio**, figure réformatrice du PRI, plonge le pays dans le chaos.

La modernisation économique a ouvert le Mexique au monde, mais elle a aussi révélé **les fractures sociales et politiques** d'une nation en pleine mutation.

III. Les années Zedillo (1994–2000) : stabilisation et transition démocratique

1. Ernesto Zedillo et la crise du peso (1994–1995)

Ernesto Zedillo arrive au pouvoir dans un contexte explosif. Quelques semaines après son investiture, le Mexique subit une nouvelle crise financière majeure, connue sous le nom de **"crise tequila"**. La dévaluation brutale du peso entraîne la fuite des capitaux, la chute du PIB et la hausse du chômage.

Le pays est sauvé in extremis grâce à un plan d'aide de **50 milliards de dollars** orchestré par les États-Unis et le FMI. Mais cette crise fragilise encore davantage le pouvoir du PRI et met en lumière **les risques d'une ouverture financière mal maîtrisée**.

Zedillo adopte une politique d'austérité rigoureuse et de réformes institutionnelles. Son objectif est de **restaurer la crédibilité économique** tout en amorçant une **ouverture politique progressive**.

2. La réforme électorale et la démocratisation du système politique

Sous Zedillo, le Mexique commence à se libérer de la tutelle du parti unique. Des réformes électorales garantissent l'indépendance du **Institut fédéral électoral (IFE)**, chargé d'organiser les scrutins. Les médias deviennent plus critiques, les gouverneurs plus autonomes, et l'opposition politique gagne en légitimité.

En 1997, pour la première fois, le PRI perd la majorité absolue au Congrès. Cette évolution ouvre la voie à la **victoire historique de Vicente Fox en 2000**, qui met fin à plus de 70 ans de domination ininterrompue du PRI.

Zedillo laisse au pays une économie stabilisée et un système politique plus pluraliste, mais aussi une société profondément marquée par les inégalités et la précarité.

Conclusion

Entre 1982 et 2000, le Mexique connaît une transformation radicale. La crise de la dette a mis fin à un modèle fondé sur la protection et l'intervention de l'État, inaugurant une ère de **réformes libérales, d'ouverture commerciale et de rigueur budgétaire**. Si ces mesures ont permis de stabiliser l'économie et d'attirer les capitaux étrangers, elles ont aussi engendré **un coût social considérable** : paupérisation rurale, chômage urbain, migrations massives vers les États-Unis et montée des inégalités.

Pourtant, cette période de crise fut aussi celle d'un **réveil démocratique**. Sous la pression de la société civile, des médias et de l'opposition, le Mexique s'est engagé sur la voie de la modernité politique. En 2000, l'alternance pacifique du pouvoir consacre **l'aboutissement d'un double processus : la libéralisation économique et la transition démocratique**.

Le Mexique entre dans le XXIe siècle comme une puissance régionale réformée, mais toujours divisée entre richesse et pauvreté, entre intégration mondiale et fragilités internes.

Fiche 35 – L'entrée dans la mondialisation : le traité de libre-échange (ALENA)

Introduction

Au tournant des années 1990, le Mexique est un pays en transition profonde. Après la crise de la dette de 1982 et une décennie d'austérité, le pays cherche à redéfinir son modèle de développement. Sous la présidence de **Carlos Salinas de Gortari (1988–1994)**, il adopte une orientation claire : **intégrer pleinement l'économie mondiale**, en particulier celle de l'Amérique du Nord.

Ce choix se concrétise avec la négociation et la signature du **Traité de libre-échange nord-américain (ALENA / NAFTA)**, entré en vigueur le **1er janvier 1994**. Ce traité unit économiquement le Mexique, les États-Unis et le Canada, créant l'un des plus grands blocs commerciaux du monde.

Pour le Mexique, l'ALENA représente **un pari audacieux** : il espère que l'ouverture totale de son économie stimulera la croissance, attirera les investissements étrangers, et modernisera son industrie. Mais cette insertion dans la mondialisation a aussi un prix : **accentuation des inégalités, dépendance accrue envers les États-Unis et fragilisation du monde rural.**

I. Les origines du projet : du nationalisme économique à l'ouverture libérale

1. Le tournant idéologique des années 1980

Pendant plus d'un demi-siècle, le Mexique s'est appuyé sur un modèle nationaliste hérité de la Révolution : un État fort, des entreprises publiques puissantes et une économie protégée des influences extérieures. Mais après la crise de la dette de 1982, ce modèle se révèle insoutenable.

Les gouvernements successifs, d'abord celui de **Miguel de la Madrid (1982–1988)**, puis de **Carlos Salinas**, amorcent un virage profond :

- **Privatisations massives**, notamment dans le secteur bancaire, industriel et des télécommunications ;
- **Dérégulation des marchés**, pour attirer le capital étranger ;

- **Réduction du rôle économique de l'État**, au profit des entreprises privées ;

- **Adhésion au GATT** (Accord général sur les tarifs douaniers et le commerce) en 1986, première étape vers une libéralisation commerciale complète.

Ces réformes visent à **rompre avec l'isolement du pays** et à transformer le Mexique en une économie exportatrice compétitive.

Mais derrière ce changement économique se cache aussi une transformation politique : le **PRI**, parti dominant depuis 1929, perd progressivement son monopole sur la société. Une nouvelle génération technocratique, formée dans les universités américaines, remplace les anciens cadres révolutionnaires. Leur vision du développement est claire : **intégration économique plutôt qu'indépendance nationale**.

2. Les motivations de Salinas de Gortari

Carlos Salinas comprend très tôt que la survie politique du régime et la modernisation du pays passent par une **intégration stratégique avec les États-Unis**. Le contexte international lui est favorable : après la fin de la guerre froide, les États-Unis cherchent à renforcer leurs alliances économiques.

Pour le Mexique, ce rapprochement offre plusieurs avantages :

- **Sécuriser les débouchés de ses exportations**, surtout manufacturières ;

- **Attirer les investissements étrangers directs (IDE)**, nécessaires à la modernisation industrielle ;

- **Stabiliser la monnaie** grâce à une confiance accrue des marchés ;

- Et surtout, **inscrire le pays dans la dynamique de la mondialisation**, en profitant de sa proximité géographique avec la première puissance mondiale.

Salinas présente le projet comme une **"nouvelle révolution économique"**, censée rompre avec la pauvreté et créer un Mexique moderne, compétitif et urbain. Mais dès le départ, certains observateurs mexicains et étrangers s'inquiètent : comment un pays en développement peut-il rivaliser avec des économies hautement industrialisées comme celles des États-Unis et du Canada ?

II. La négociation et la mise en œuvre de l'ALENA

1. Un traité ambitieux et inédit

Les négociations de l'ALENA débutent officiellement en 1991 et s'achèvent en 1992. Il s'agit d'un accord pionnier, car il ne se limite pas à la suppression des droits de douane : il établit un cadre juridique global pour les **investissements, les services, la propriété intellectuelle, l'agriculture et l'énergie**.

Les points essentiels du traité sont :

- **Suppression progressive des barrières douanières** sur les produits échangés entre les trois pays ;
- **Liberté d'investissement**, garantissant aux entreprises étrangères un traitement équitable au Mexique ;
- **Protection des droits de propriété intellectuelle**, afin d'attirer les multinationales ;
- **Accords sur les normes sanitaires, environnementales et de travail**, bien que ces dernières restent souvent symboliques.

Le traité entre en vigueur le **1er janvier 1994**, au moment même où éclate le **soulèvement zapatiste dans le Chiapas**, symbole d'un Mexique à deux vitesses : l'un tourné vers la modernité mondiale, l'autre enraciné dans la pauvreté rurale.

2. Les effets économiques : croissance, exportations et industrialisation

Les premières années de l'ALENA sont marquées par un essor spectaculaire des échanges. Entre 1994 et 2000, le commerce entre le Mexique et ses partenaires nord-américains **triple**, faisant du pays l'un des plus grands exportateurs du monde.

Plusieurs secteurs connaissent un boom :

- L'**industrie automobile**, stimulée par les investissements américains et canadiens ;
- Les **maquiladoras**, usines d'assemblage situées près de la frontière nord, où des produits partiellement transformés sont réexportés vers les États-Unis ;

- L'**électronique** et les **pièces détachées**, qui deviennent les nouvelles locomotives des exportations.

Ces transformations s'accompagnent d'une **modernisation de l'infrastructure industrielle** et d'une montée en compétence de la main-d'œuvre mexicaine. Des villes comme Monterrey, Guadalajara ou Ciudad Juárez deviennent de véritables pôles manufacturiers intégrés à l'économie nord-américaine.

Cependant, ce succès s'avère inégal. La croissance profite surtout aux régions du Nord et du centre industriel, tandis que le Sud rural reste marginalisé. La dépendance du Mexique vis-à-vis du marché américain s'accentue dangereusement : plus de **80 % des exportations mexicaines** sont destinées aux États-Unis à la fin des années 1990.

3. Les coûts sociaux et les déséquilibres internes

L'ALENA a produit un choc social profond. L'ouverture du marché agricole a été particulièrement dévastatrice pour les **petits producteurs mexicains**, incapables de rivaliser avec les géants agro-industriels américains subventionnés.

Des millions de paysans ont été contraints de quitter leurs terres, alimentant :

- l'**exode rural massif** vers les grandes villes industrielles du Nord ;
- la **migration vers les États-Unis**, devenue une stratégie de survie pour de nombreuses familles ;
- la **marginalisation économique** des communautés indigènes, notamment au Chiapas et à Oaxaca.

Ainsi, tandis qu'une minorité urbaine bénéficie de la croissance et de la consommation de masse, une majorité continue de vivre dans la précarité. Les inégalités se creusent, accentuant les tensions sociales et régionales.

La promesse d'un développement "pour tous" faite par Salinas s'effondre rapidement : **la mondialisation profite au capital mais pas au travail**.

III. Le Mexique dans la mondialisation : succès, dépendances et contradictions

1. Une puissance exportatrice dépendante

À la fin des années 1990, le Mexique apparaît comme un modèle d'intégration économique réussie. Ses exportations rivalisent avec celles des grandes économies émergentes, et le pays attire chaque année des milliards de dollars d'investissements directs étrangers. Pourtant, cette réussite repose sur une **forte dépendance aux États-Unis**, dont la conjoncture économique influence directement la santé du Mexique.

L'ALENA a certes permis d'accroître la productivité et la compétitivité, mais il a aussi enfermé le pays dans une logique de **spécialisation industrielle à faible valeur ajoutée**. Les *maquiladoras*, par exemple, ne produisent pas de technologie mexicaine : elles assemblent des composants importés. Le pays reste donc **subordonné technologiquement** à ses partenaires du Nord.

2. Les mutations sociales et culturelles

L'intégration économique s'accompagne d'une transformation sociale sans précédent :

- Les classes moyennes urbaines se développent, adoptant des **modes de vie nord-américains** ;

- Le paysage culturel et médiatique se mondialise : la télévision, la publicité et la musique reflètent de plus en plus les modèles des États-Unis ;

- Le consumérisme s'impose comme une nouvelle norme sociale, au détriment des valeurs communautaires traditionnelles.

Mais ces changements génèrent aussi une **crise identitaire**. Nombre de Mexicains perçoivent l'ALENA comme une perte de souveraineté, un renoncement aux idéaux révolutionnaires d'indépendance économique et de justice sociale. Le pays devient un symbole des contradictions de la mondialisation : modernité et exclusion, ouverture et dépendance, richesse et pauvreté.

3. La redéfinition de la souveraineté nationale

La signature de l'ALENA marque une rupture profonde dans la conception de la souveraineté mexicaine. L'État, jadis protecteur et interventionniste, se transforme en arbitre du marché global. Les politiques publiques – en matière d'agriculture, d'emploi ou d'environnement – sont désormais contraintes par les règles du libre-échange.

Certaines voix s'élèvent, notamment au sein de la gauche et des mouvements indigènes, pour dénoncer cette "perte de contrôle national". Le **mouvement zapatiste**, toujours actif, rappelle que la démocratie et la dignité sociale ne peuvent être sacrifiées sur l'autel du commerce.

Ainsi, le Mexique devient à la fois **acteur et victime de la mondialisation**, cherchant un équilibre entre intégration et autonomie, ouverture et justice.

Conclusion

L'ALENA a transformé le Mexique en profondeur. Sur le plan économique, le pays a réussi à s'imposer comme une **puissance manufacturière majeure**, insérée dans les chaînes de production mondiales. Mais cette réussite s'accompagne d'un **coût social et politique immense** : désindustrialisation rurale, précarisation du travail, dépendance accrue vis-à-vis des États-Unis, et marginalisation de vastes pans de la population.

L'entrée dans la mondialisation, censée apporter prospérité et modernité, a aussi creusé les fractures internes du pays. Le Mexique du tournant du XXIe siècle est donc **un pays double** : moderne et exportateur d'un côté, inégalitaire et instable de l'autre.

L'ALENA a ouvert la voie à une ère nouvelle — celle d'un Mexique mondialisé, connecté, mais toujours en quête d'un modèle de développement réellement inclusif.

Fiche 36 – Le soulèvement zapatiste et les tensions sociales (1994)

Introduction

Le **1er janvier 1994**, jour où le Mexique entre dans l'ère de la mondialisation avec l'entrée en vigueur du **Traité de libre-échange nord-américain (ALENA)**, un groupe armé inconnu surgit des montagnes du Chiapas, l'un des États les plus pauvres du pays. Ce mouvement, qui se baptise **Ejército Zapatista de Liberación Nacional (EZLN)** – *Armée zapatiste de libération nationale* –, occupe plusieurs villes du sud, dont **San Cristóbal de las Casas**, et proclame la guerre au gouvernement mexicain au nom de la liberté, de la démocratie et de la dignité indigène.

Ce paradoxe saisissant – l'ouverture économique d'un côté, la rébellion des exclus de l'autre – symbolise la **double réalité du Mexique moderne**. D'un côté, un pays qui s'intègre à la mondialisation, attire les capitaux et rêve de modernité ; de l'autre, une population oubliée, issue des communautés indigènes, qui vit encore dans des conditions de misère héritées de l'époque coloniale.

Le soulèvement zapatiste n'est donc pas un simple épisode de violence : il marque **un tournant historique**, révélant la persistance d'un Mexique invisible, celui des peuples autochtones marginalisés par cinq siècles d'exclusion.

I. Les racines du soulèvement : misère, exclusion et promesses trahies

1. Le Chiapas : un symbole de contrastes

Le **Chiapas**, situé au sud-est du Mexique, à la frontière du Guatemala, est une région d'une beauté naturelle exceptionnelle, riche en ressources (forêts tropicales, pétrole, café, bois, eau), mais aussi l'une des plus **inégalitaires** du pays. Depuis des siècles, la population indigène — majoritairement **Tzotziles, Tzeltales, Choles, Tojolabales** — vit sous la domination de grandes familles créoles et métisses qui contrôlent la terre, le commerce et la politique locale.

Les communautés indigènes y subissent un triple fardeau :

- **La pauvreté extrême**, avec des taux d'analphabétisme dépassant 40 % dans les années 1990 ;

- **L'absence d'accès aux services de base,** tels que la santé, l'éducation ou l'eau potable ;

- **L'exploitation agraire,** qui les condamne à travailler sur des terres appartenant à d'autres.

Cette situation n'est pas nouvelle : elle prolonge la structure coloniale de la société mexicaine. Mais à la fin du XXe siècle, elle devient intolérable face aux discours officiels vantant les bienfaits de la modernité et du progrès économique.

2. Les politiques néolibérales et la marginalisation accrue

La présidence de **Carlos Salinas de Gortari (1988–1994)**, porteuse de promesses de modernisation, a aggravé les inégalités. L'ouverture économique et les privatisations ont enrichi une minorité urbaine mais laissé les zones rurales dans l'abandon.

L'un des éléments déclencheurs du mécontentement fut la **réforme constitutionnelle de 1992**, qui abrogea l'article 27 de la Constitution révolutionnaire de 1917. Cet article garantissait aux paysans le droit à la **propriété collective des terres communales (ejidos)**, conquête fondamentale de la Révolution mexicaine. Sa suppression ouvrit la voie à la privatisation des terres et à la spéculation agricole, mettant fin à des décennies d'équilibre fragile dans les campagnes.

Pour les communautés indigènes, cette réforme fut perçue comme une **trahison historique** : le gouvernement brisait le pacte social révolutionnaire en sacrifiant les paysans au profit du marché.

L'ALENA, qui permettait l'importation massive de produits agricoles subventionnés en provenance des États-Unis, fut la goutte d'eau : comment les petits producteurs mexicains pouvaient-ils survivre face au maïs industriel américain ? Dans ce contexte, la révolte du Chiapas apparaît comme **une réponse désespérée à une mondialisation excluante**.

3. L'influence des luttes indigènes et révolutionnaires

Les racines idéologiques du zapatisme plongent à la fois dans la tradition révolutionnaire mexicaine et dans les luttes indigènes d'Amérique latine. Le nom même de l'EZLN rend hommage à **Emiliano Zapata**, le leader paysan de la Révolution de 1910, symbole de la lutte pour la terre et la justice sociale.

Mais l'EZLN ne se limite pas à reproduire le zapatisme historique. Il y ajoute une dimension nouvelle :

- La **défense des droits des peuples autochtones** et la reconnaissance de leur autonomie culturelle ;

- Une **critique du néolibéralisme globalisé**, accusé de transformer les hommes et la nature en marchandises ;

- Un **discours démocratique et non autoritaire**, en rupture avec les guérillas marxistes des décennies précédentes.

Le Chiapas devient ainsi le laboratoire d'un nouveau type de rébellion : **une insurrection indigène, post-idéologique et profondément humaine**, qui parle autant au paysan maya qu'à l'intellectuel européen.

II. Le soulèvement de 1994 : de la guerre à la parole

1. Le déclenchement de la révolte

À l'aube du **1er janvier 1994**, plusieurs centaines de combattants de l'EZLN, armés mais disciplinés, occupent pacifiquement des villes du Chiapas, dont **San Cristóbal de las Casas, Ocosingo, Las Margaritas** et **Altamirano**. Ils lisent un texte fondateur, la **"Première Déclaration de la forêt Lacandone"**, qui proclame la guerre au gouvernement mexicain et exige :

- "Travail, terre, logement, nourriture, santé, éducation, indépendance, liberté, démocratie, justice et paix."

Le ton est révolutionnaire mais le message universel : il ne s'agit pas seulement de renverser un régime, mais de **redonner la parole à un peuple silencieux**.

Le gouvernement réagit rapidement. En quelques jours, l'armée reprend le contrôle des villes occupées. Les combats, bien que limités, font plusieurs centaines de morts et déplacent des milliers de civils. Mais l'impact symbolique est immense : pour la première fois, la question indigène revient au centre du débat national.

2. Le rôle du sous-commandant Marcos

Au cœur du mouvement zapatiste émerge une figure énigmatique : le **sous-commandant Marcos**, porte-parole charismatique et stratège politique de l'EZLN. Masqué, vêtu de noir, pipe à la bouche et verbe poétique, il devient rapidement une icône mondiale.

Marcos n'est pas un chef militaire classique : c'est un intellectuel formé à l'Université nationale autonome du Mexique (UNAM), passé par la philosophie et la sociologie. Son génie réside dans sa capacité à articuler **un discours profondément mexicain et universel à la fois**, mêlant humour, poésie, critique du capitalisme et défense des peuples autochtones.

À travers ses communiqués, diffusés sur Internet – une première dans l'histoire des révolutions –, il transforme l'EZLN en **mouvement global de résistance**. Le zapatisme devient un symbole de la lutte contre la mondialisation néolibérale, inspirant militants, artistes et intellectuels du monde entier.

3. De la confrontation militaire au dialogue politique

Sous la pression de l'opinion publique nationale et internationale, le président **Salinas de Gortari** suspend les opérations militaires et ouvre des négociations. Un cessez-le-feu est proclamé dès le **12 janvier 1994**.

Commence alors une longue phase de **dialogue politique**, ponctuée d'avancées et de trahisons. Les pourparlers de **San Andrés Larráinzar (1996)** aboutissent à des accords reconnaissant :

- les **droits culturels et linguistiques** des peuples indigènes ;

- leur **autonomie politique locale** ;

- et leur **droit à la terre et à la participation** aux décisions publiques.

Mais ces accords ne seront **jamais pleinement appliqués**. Les gouvernements suivants freineront leur mise en œuvre, craignant qu'ils ne sapent l'unité de l'État mexicain. Cette non-application deviendra un symbole de la méfiance persistante entre le pouvoir central et les communautés indigènes.

III. Héritages, transformations et portée mondiale du zapatisme

1. La réinvention du militantisme

Le zapatisme ne s'éteint pas après 1994. Il se transforme. L'EZLN renonce à la lutte armée pour devenir un **mouvement civil d'autonomie communautaire**. Dans les zones sous contrôle zapatiste, notamment autour de San Andrés et Oventic, se développent des **"municipalités autonomes rebelles zapatistes" (MAREZ)**, autogérées par les habitants selon des principes d'égalité et de démocratie directe.

Ces communautés mettent en place leurs propres structures d'éducation, de santé et de justice, souvent plus efficaces que celles de l'État. Elles incarnent un modèle alternatif : **"un autre monde possible"**, fondé sur la solidarité, la diversité et le respect de la nature.

Le zapatisme devient ainsi **une expérience politique unique**, mêlant héritage indigène, pensée libertaire et critique du capitalisme mondialisé.

2. Les répercussions politiques au Mexique

Sur le plan national, le soulèvement zapatiste a bouleversé la scène politique. Il a contraint le **PRI** à reconnaître l'existence de la pauvreté et de l'exclusion, brisant le mythe d'un Mexique homogène et prospère. Il a aussi contribué à **l'érosion du pouvoir autoritaire**, en ouvrant un espace de pluralisme et de débat.

La société civile, jusqu'alors apathique, s'est mobilisée massivement pour soutenir la cause zapatiste, marquant une étape décisive dans la **transition démocratique** des années 1990 et 2000. De nombreux mouvements sociaux — féministes, écologistes, indigénistes — se réclameront ensuite du modèle zapatiste.

3. Une influence mondiale et durable

L'impact de l'EZLN dépasse largement les frontières du Mexique. Dès la fin des années 1990, le zapatisme devient une **référence internationale** pour les mouvements altermondialistes. Ses idées circulent dans les forums sociaux mondiaux, inspirent les mouvements européens contre la mondialisation et nourrissent la réflexion politique sur la démocratie participative.

Internet, alors en plein essor, joue un rôle central : les communiqués de Marcos se diffusent planétairement, faisant du zapatisme **la première rébellion "connectée" de l'histoire**. Le Chiapas devient un **symbole de résistance globale**, un "petit Sud" parlant au nom des exclus du monde entier.

Conclusion

Le soulèvement zapatiste de 1994 fut bien plus qu'un épisode de guérilla : il incarne **une fracture historique**, celle d'un pays qui s'ouvrait à la mondialisation sans résoudre ses inégalités internes. Alors que le Mexique célébrait son intégration à l'économie mondiale, le Chiapas rappelait au monde que **le développement n'a de sens que s'il est partagé**.

L'EZLN, loin de disparaître, a profondément transformé la conscience politique mexicaine et mondiale. Il a montré qu'il existait **d'autres voies que la résignation ou la violence**, et que la dignité des peuples pouvait devenir un moteur de changement.

En ce sens, le zapatisme demeure **l'un des derniers héritages vivants de la Révolution mexicaine**, adapté à l'ère de la mondialisation — une révolution sans conquête, mais avec une immense puissance symbolique.

Fiche 37 – La fin de l'hégémonie du PRI et la victoire de Vicente Fox (2000)

Introduction

Pendant plus de **soixante-dix ans**, le **Parti révolutionnaire institutionnel (PRI)** a exercé sur le Mexique un **pouvoir quasi absolu**. Né dans les années 1920 des cendres de la Révolution mexicaine, le PRI avait réussi à stabiliser le pays, à instaurer une paix durable et à incarner une forme de continuité historique entre les idéaux révolutionnaires et la modernité.

Mais, au tournant des années 1980 et 1990, cette stabilité s'est peu à peu transformée en **immobilisme**, puis en **crise de légitimité**. Les scandales, les fraudes électorales, la corruption endémique et la montée des inégalités ont peu à peu miné la confiance des Mexicains.

L'élection présidentielle de **2000**, remportée par **Vicente Fox**, candidat du PAN (Partido Acción Nacional), symbolise **la première alternance démocratique** de l'histoire moderne du Mexique. Elle marque la fin d'un cycle et l'entrée du pays dans une nouvelle ère politique.

I. Le système priiste : une démocratie autoritaire en crise

1. Le PRI : un parti-État né de la Révolution

Le PRI n'était pas un parti politique au sens classique du terme. Il était **le cœur d'un système politique unique au monde**, un modèle de "démocratie dirigée" que certains politologues ont qualifié de "dictature parfaite" (selon l'écrivain péruvien **Mario Vargas Llosa**).

Fondé en **1929** par **Plutarco Elías Calles** sous le nom de **Partido Nacional Revolucionario (PNR)**, il devint **Partido de la Revolución Mexicana (PRM)** en 1938, puis **Partido Revolucionario Institucional (PRI)** en 1946. Son objectif originel était de **mettre fin à l'instabilité politique** qui avait suivi la Révolution (1910–1920) et d'intégrer tous les groupes de pouvoir – ouvriers, paysans, militaires, bureaucrates – dans une structure contrôlée par l'État.

Le PRI fonctionnait sur la base d'un **corporatisme institutionnalisé** : les syndicats, les organisations paysannes et les associations professionnelles étaient liés au parti, et leur loyauté était récompensée par des subventions, des privilèges et des positions politiques. Le président de la République, chef du parti et de l'État, désignait son successeur par le fameux **"dedazo"** (le "coup de doigt"), un geste symbolique par lequel il "choisissait" son héritier.

Cette mécanique bien huilée garantissait la continuité et la stabilité, mais aussi **l'absence de véritable pluralisme politique**. Les élections avaient lieu, mais leur résultat était connu d'avance. Le Mexique était une démocratie sans alternance.

2. La crise du modèle économique et politique (1982–1994)

À partir des années 1980, le système priiste commence à se fissurer sous l'effet combiné de **la crise économique, la pression sociale** et **l'ouverture démocratique**.

La **crise de la dette de 1982**, provoquée par la chute du prix du pétrole et l'endettement massif, met fin au modèle de développement fondé sur l'État interventionniste. Le président **Miguel de la Madrid (1982–1988)** initie des réformes néolibérales : privatisations, réduction des dépenses publiques, ouverture au commerce mondial. Mais ces politiques creusent les inégalités et affaiblissent la base sociale du PRI.

Sous **Carlos Salinas de Gortari (1988–1994)**, le Mexique connaît une modernisation spectaculaire : libéralisation, entrée dans l'ALENA (1994), croissance économique... Mais derrière cette façade triomphante se cache un pays profondément divisé. Les campagnes sombrent dans la pauvreté, les indigènes sont marginalisés, et les classes moyennes s'appauvrissent.

L'élection présidentielle de **1988** marque un tournant dramatique : le candidat de gauche **Cuauhtémoc Cárdenas**, fils du légendaire président Lázaro Cárdenas, semble en passe de l'emporter quand soudain... le système informatique électoral "tombe en panne". À la reprise du dépouillement, Salinas est déclaré vainqueur. Ce scandale de la **"caída del sistema"** devient le symbole de la fraude électorale et du discrédit du PRI.

L'**assassinat de Luis Donaldo Colosio** en 1994, candidat du PRI et héritier réformiste, achève de montrer les fissures internes du régime. La même année, le **soulèvement zapatiste** révèle la fracture entre le Mexique officiel et le Mexique profond. L'autorité morale du PRI ne s'en remettra jamais.

3. L'émergence d'une société civile et d'une opposition organisée

La crise du système ne se limite pas aux élites : la société mexicaine change en profondeur. L'urbanisation, l'éducation, l'émergence d'une classe moyenne et la libéralisation des médias favorisent la naissance d'une **société civile consciente de ses droits**.

Les mouvements étudiants, les organisations féministes, les défenseurs des droits humains et les journalistes indépendants commencent à réclamer **la fin du monopole politique**. Le **Parti d'Action Nationale (PAN)**, fondé en 1939 par des catholiques conservateurs, gagne du terrain, surtout dans le nord industriel du pays. Quant à la gauche, réunie dans le **Parti de la Révolution Démocratique (PRD)** en 1989, elle attire les anciens militants du PRI déçus par le virage néolibéral.

Dans les années 1990, le pluralisme local s'impose : les gouverneurs de plusieurs États (Baja California, Chihuahua, Jalisco) sont élus hors du PRI. La **transition démocratique** commence par la base, avant de s'imposer au sommet.

II. L'élection de 2000 : le triomphe de Vicente Fox

1. Un contexte de lassitude et d'attente

À la veille des élections présidentielles de **2000**, le Mexique est à un tournant. Le président **Ernesto Zedillo (1994–2000)**, dernier chef d'État priiste avant la transition, a tenté de restaurer la confiance après la crise économique de 1994–1995 ("crise Tequila"). Mais le pays reste miné par la pauvreté, l'insécurité et la corruption.

Zedillo, conscient du discrédit du parti, choisit de ne pas intervenir dans la succession : **il renonce au "dedazo"**, ouvrant ainsi la voie à une élection réellement compétitive. Pour la première fois depuis 1929, les Mexicains ont le sentiment que leur vote peut changer l'histoire.

2. Vicente Fox : un outsider charismatique

Vicente Fox Quesada, ancien dirigeant de **Coca-Cola Mexique** et gouverneur du **Guanajuato**, incarne le renouveau. Grand, énergique, vêtu de jeans, parlant avec un ton direct et populaire, il tranche avec le style technocratique et distant des présidents priistes.

Candidat du **Partido de Acción Nacional (PAN)**, Fox mène une campagne dynamique, centrée sur trois promesses :

- Mettre fin à la corruption endémique ;
- Restaurer la confiance dans les institutions ;
- "Sortir le PRI de Los Pinos" (le palais présidentiel).

Sa campagne bénéficie de l'appui massif des médias et de la société civile, lassée du conservatisme bureaucratique. Les slogans de Fox – "¡Ya! ¡Vámonos!" ("Ça suffit ! On y va !") – traduisent un ras-le-bol collectif.

Son style populiste et son image d'homme du peuple séduisent une population avide de changement. Pour la première fois, un candidat d'opposition parvient à construire une **coalition nationale transversale**, unissant classes moyennes, jeunes urbains, entrepreneurs et même une partie des syndicats.

3. Une élection historique

Le **2 juillet 2000**, les Mexicains se rendent aux urnes dans une atmosphère d'attente et d'espoir. Les résultats sont sans appel : **Vicente Fox remporte 43 % des voix**, contre 36 % pour **Francisco Labastida (PRI)** et 17 % pour **Cuauhtémoc Cárdenas (PRD)**.

L'événement est sans précédent : pour la première fois en 71 ans, le pouvoir change pacifiquement de main. Les Mexicains descendent dans les rues pour célébrer ce qu'ils appellent **"la deuxième indépendance"**. Fox apparaît au balcon du Palais national, ému, et promet une "démocratie sans revanche".

Cette alternance pacifique est saluée dans le monde entier. Elle marque **l'entrée du Mexique dans une démocratie véritable**, fondée sur le pluralisme, la compétition électorale et la liberté d'expression.

III. Les conséquences de l'alternance : espoirs, limites et héritage

1. La transition démocratique et l'ouverture institutionnelle

La victoire de Fox symbolise le passage d'un régime autoritaire à un **régime démocratique pluraliste**. Le contrôle du PRI sur les institutions – médias, syndicats, armée, église, tribunaux – s'effrite rapidement. Le **Congrès** devient réellement indépendant, les **gouverneurs** acquièrent une autonomie politique, et la **Commission électorale fédérale (IFE)** gagne en crédibilité.

Fox s'engage à réformer l'État, à renforcer la transparence et à lutter contre la corruption. Il nomme plusieurs ministres issus de la société civile et encourage la participation citoyenne.

Mais, malgré la symbolique du changement, la transformation profonde des structures reste difficile : le PRI conserve une majorité au Congrès et contrôle encore de nombreuses administrations locales.

2. Les défis économiques et sociaux non résolus

L'espoir suscité par Fox se heurte rapidement à la réalité. Le Mexique reste dépendant de l'économie américaine, les inégalités persistent, et la pauvreté touche encore plus de 40 % de la population. Les réformes promises — notamment fiscales, agraires et énergétiques — se heurtent à la résistance du Congrès et des élites.

Sur le plan social, la déception grandit : Fox, malgré son charisme, ne parvient pas à répondre aux attentes immenses d'un peuple qui espérait une "seconde révolution démocratique". Le **Chiapas** reste marginalisé, les **mouvements indigènes** dénoncent l'inaction du gouvernement, et les **réformes structurelles** se heurtent à la complexité de l'État mexicain.

3. Un tournant symbolique durable

Malgré ses limites, l'élection de 2000 demeure **un jalon historique**. Elle prouve que la démocratie mexicaine peut fonctionner, que le pouvoir peut changer de main sans violence ni rupture institutionnelle. Elle ouvre une ère de **pluralisme réel**, où plusieurs partis peuvent se succéder au pouvoir :

- Le PAN gouvernera pendant deux mandats (Fox, puis Felipe Calderón) ;
- Le PRI reviendra en 2012 avec Enrique Peña Nieto, avant d'être à nouveau remplacé en 2018 par Andrés Manuel López Obrador (MORENA).

En d'autres termes, **la victoire de Fox a rendu possible la rotation démocratique**, fondement d'un système politique enfin mature.

Conclusion

L'élection de **Vicente Fox en 2000** marque la **fin du "système révolutionnaire institutionnalisé"** né en 1929. C'est l'aboutissement de décennies de luttes sociales, de pressions internationales et de maturation citoyenne.

Si Fox n'a pas tenu toutes ses promesses, il a ouvert une porte qu'aucun pouvoir ne pourra refermer : celle de la démocratie électorale et du pluralisme politique. Le Mexique, après un siècle de révolutions et d'autoritarismes, entre enfin dans une ère où le peuple peut choisir — et défaire — ses dirigeants.

C'est là, sans doute, **la plus grande conquête politique depuis la Révolution de 1910**.

Partie IX – Le Mexique contemporain (2000–2025)

Fiche 38 – Les présidences de Fox et Calderón : réformes et guerre contre le narcotrafic

Introduction

L'élection de **Vicente Fox** en 2000 a représenté un tournant historique dans la vie politique mexicaine : la fin de **71 ans de domination du PRI** et l'ouverture d'une **ère de pluralisme démocratique**. Pourtant, l'euphorie de la transition fut rapidement tempérée par les **résistances institutionnelles**, les **crises sociales** et surtout, la montée fulgurante du **crime organisé**.

Le Mexique, désormais libre sur le plan politique, devait apprendre à gouverner dans un contexte de **mondialisation accélérée**, de **pressions économiques** et de **fragilité institutionnelle**. Les présidences de Fox et Calderón illustrent ce double défi : **consolider la démocratie tout en luttant contre un pouvoir criminel tentaculaire**.

L'un incarne l'optimisme du changement pacifique ; l'autre, la brutalité d'une guerre intérieure. Ensemble, ils inaugurent une période de profondes contradictions : **espoirs démocratiques, réformes économiques, militarisation croissante et crise de la sécurité publique**.

I. Le gouvernement de Vicente Fox (2000–2006) : l'apprentissage de la démocratie

1. La consolidation démocratique et les limites du changement

L'arrivée de Vicente Fox au pouvoir symbolise **l'aboutissement du processus de transition démocratique** engagé depuis les années 1980. Son mandat débute dans un climat d'enthousiasme : les médias sont libres, les débats parlementaires se multiplient, et la société civile prend confiance.

Fox s'efforce de transformer le style présidentiel :

- Il rompt avec l'autoritarisme du PRI, adoptant un ton direct, parfois improvisé, plus proche du peuple.

- Il multiplie les déplacements régionaux, se présentant comme un "président citoyen".

Mais, derrière cette ouverture symbolique, **les blocages institutionnels demeurent puissants**. Le **PRI**, bien qu'écarté de la présidence, conserve **la majorité au Congrès** et contrôle encore plusieurs États clés. Les réformes structurelles promises — fiscale, énergétique, éducative — se heurtent à une opposition parlementaire systématique. Fox découvre que **gouverner démocratiquement**, dans un pays habitué au pouvoir centralisé, exige une négociation constante.

L'échec de ses grandes réformes nourrit rapidement une **désillusion sociale** : la transition politique ne s'accompagne pas d'un changement économique ou social visible pour la majorité des Mexicains.

2. Politique économique et ouverture internationale

Vicente Fox hérite d'une économie globalisée, profondément intégrée aux États-Unis depuis l'entrée en vigueur de l'**ALENA (1994)**. Son objectif est de renforcer cette intégration tout en diversifiant les partenaires commerciaux.

Sous sa présidence :

- Les exportations mexicaines atteignent des niveaux records, stimulées par la demande américaine.
- Le pays attire de nouveaux investissements étrangers, notamment dans les secteurs automobile et électronique.

Cependant, cette dépendance économique vis-à-vis des États-Unis se révèle dangereuse : toute récession nord-américaine affecte directement la croissance mexicaine. Les tentatives de réforme fiscale pour accroître les revenus de l'État échouent face à la résistance du Congrès, limitant les moyens d'investissement public.

L'économie mexicaine reste duale : **moderne et compétitive dans les zones industrielles**, mais **pauvre et stagnante dans les campagnes**.
Cette fracture structurelle prépare le terrain à de futures tensions sociales.

3. La question indigène et les promesses non tenues

L'un des défis symboliques du gouvernement Fox concerne la **question indigène**, ravivée depuis le **soulèvement zapatiste de 1994**. Le président s'était engagé à résoudre le conflit du **Chiapas** "en quinze minutes" — une formule audacieuse qui lui sera souvent reprochée.

Il tente d'ouvrir le dialogue avec le **Sous-commandant Marcos** et le **EZLN (Ejército Zapatista de Liberación Nacional)**. En 2001, une délégation zapatiste marche jusqu'à Mexico pour réclamer la reconnaissance constitutionnelle des droits indigènes. Le Congrès adopte une réforme limitée, qui ne répond pas aux attentes du mouvement. La méfiance s'installe à nouveau, et le Chiapas reste un symbole d'exclusion et de promesses non tenues.

Fox, malgré sa volonté de réconciliation, n'a pas su transformer les gestes symboliques en politiques structurelles.

4. La montée du narcotrafic et la faiblesse de l'État

Sous Fox, le **crime organisé** prend une ampleur sans précédent. Profitant de la décentralisation politique et de la faiblesse des forces policières, **les cartels de la drogue** étendent leur emprise sur de vastes territoires.

Les rivalités entre les cartels (Sinaloa, Tijuana, Gulf, Juárez) provoquent une explosion de la violence, tandis que la corruption gangrène les institutions locales. Le gouvernement Fox adopte une stratégie prudente : **réformes policières, coordination interétatique, extraditions vers les États-Unis**, mais sans confrontation directe.

Cette approche "non conflictuelle" permet d'éviter une guerre ouverte, mais laisse croître la puissance financière et militaire des organisations criminelles. À la fin du mandat, **les cartels sont plus forts que jamais**, et la question sécuritaire devient centrale pour le successeur de Fox.

II. Le gouvernement de Felipe Calderón (2006–2012) : la guerre contre le narcotrafic

1. Une élection contestée et un président fragilisé

Les élections de **2006** plongent le Mexique dans une crise politique majeure. Felipe Calderón, également membre du PAN, affronte **Andrés Manuel López Obrador (AMLO)**, candidat du **PRD**, figure charismatique de la gauche. Le résultat officiel donne **Calderón vainqueur avec 35,9 % des voix**, contre **35,3 % pour AMLO** — un écart infime.

L'opposition dénonce une **fraude électorale** et organise des manifestations massives dans la capitale. Des millions de Mexicains campent pendant des semaines sur l'avenue Reforma, exigeant un recomptage total des votes. La tension est telle que Calderón prête serment en catimini, entouré d'une armée de gardes du corps.

Cette **crise de légitimité** pèsera lourdement sur tout son mandat. Pour affirmer son autorité, il choisira de mener **une politique de fermeté** : la guerre frontale contre le narcotrafic.

2. Le déclenchement de la "guerre contre la drogue"

Dès 2006, Calderón déploie **des dizaines de milliers de soldats** dans les États les plus touchés par la criminalité organisée : Michoacán, Tamaulipas, Chihuahua, Sinaloa. C'est le début d'un conflit intérieur qui marquera profondément la société mexicaine.

Son objectif est double :

- Restaurer l'autorité de l'État face à des cartels devenus quasi-paramilitaires.
- Réaffirmer la légitimité d'un président contesté par l'opinion publique.

Mais cette militarisation transforme rapidement la lutte antidrogue en **véritable guerre civile de basse intensité**. Les cartels répliquent par des attaques sanglantes, des enlèvements, des assassinats de policiers, de journalistes et de responsables locaux. Les chiffres sont vertigineux : plus de **120 000 morts** et **30 000 disparus** entre 2006 et 2012, selon les estimations.

Le Mexique entre dans une spirale de violence que beaucoup comparent à celle de la Colombie dans les années 1990.

3. Réformes institutionnelles et stratégies sécuritaires

Calderón crée de nouvelles institutions pour coordonner la lutte contre le crime organisé, comme la **Police fédérale préventive** et le **Conseil national de sécurité publique**. Il renforce la coopération avec les **États-Unis**, notamment à travers l'**Initiative**

Mérida (2008), un accord d'assistance militaire et technologique destiné à moderniser les forces de sécurité mexicaines.

Toutefois, ces réformes sont souvent **contradictoires** :

- Les armées sont mobilisées pour des tâches policières pour lesquelles elles ne sont pas formées.

- Les violations des droits humains se multiplient, suscitant la condamnation d'ONG nationales et internationales.

Par ailleurs, les cartels se fragmentent en groupes plus petits, plus violents, rendant la lutte encore plus difficile. La guerre contre la drogue, censée rétablir l'ordre, finit par **affaiblir davantage l'État** et **déstabiliser les régions frontalières**.

4. Politique économique et continuité néolibérale

Malgré le contexte sécuritaire, Calderón maintient **la ligne économique libérale** de ses prédécesseurs. Il encourage la concurrence, les privatisations partielles et l'ouverture aux capitaux étrangers. Le pays traverse la **crise financière mondiale de 2008** avec une relative résistance, grâce à la solidité de ses exportations industrielles.

Cependant, la croissance demeure inégale et ne parvient pas à réduire la pauvreté. Les dépenses militaires explosent, absorbant une part croissante du budget fédéral, tandis que les services publics (éducation, santé) stagnent. Les inégalités territoriales s'accentuent : les régions du nord s'industrialisent, tandis que le sud, rural et indigène, reste marginalisé.

III. Bilan et héritage des gouvernements du PAN (2000–2012)

1. Démocratie consolidée, gouvernance fragilisée

Les présidences de Fox et Calderón ont consolidé la **pluralité politique** et la **liberté institutionnelle** du Mexique. Les élections deviennent transparentes, la presse indépendante se renforce, et le système électoral gagne en crédibilité.

Mais cette démocratie reste **inachevée** : la corruption persiste, la justice demeure lente, et les élites politiques continuent de monopoliser le pouvoir. La confiance dans l'État s'effondre à mesure que la violence s'intensifie.

2. L'ombre portée du narcotrafic

La "guerre contre la drogue" a redéfini les priorités nationales : la sécurité supplante la justice sociale. Le Mexique s'enfonce dans un climat de peur et de méfiance. Les cartels infiltrent les institutions locales, corrompent des maires, menacent des juges, contrôlent des régions entières.

L'État de droit, au lieu d'être renforcé, en sort **plus vulnérable**. La société mexicaine découvre que la démocratie politique ne garantit pas la paix civile.

3. Héritage et tournant historique

L'expérience des gouvernements du PAN révèle une vérité paradoxale : **il est plus difficile de gouverner démocratiquement que d'imposer autoritairement.** Fox a ouvert la voie au pluralisme ; Calderón a tenté d'imposer l'ordre. Tous deux ont rencontré la même limite : **un État faible, miné par la corruption et les inégalités structurelles.**

Leur héritage est contrasté :

- **Sur le plan politique**, le Mexique est enfin une démocratie électorale.
- **Sur le plan social et sécuritaire**, il entre dans une ère d'incertitude durable.

L'échec relatif de cette "décennie bleue" (2000–2012) préparera le retour du **PRI en 2012**, avec **Enrique Peña Nieto**, avant qu'un nouveau cycle ne s'ouvre avec la victoire d'**Andrés Manuel López Obrador (2018)**.

Conclusion

Les présidences de Vicente Fox et Felipe Calderón représentent **le passage de l'espoir démocratique à la confrontation avec la réalité mexicaine**. La démocratie s'est installée, mais le pouvoir reste vulnérable, les institutions fragiles, et la société déchirée entre aspiration à la modernité et violence endémique.

C'est durant ces années que le Mexique a compris que **la démocratie ne suffit pas à elle seule à vaincre les injustices**, et que la lutte contre la corruption et le crime exige **une refondation de l'État lui-même**.

La période 2000–2012 marque donc **une transition inachevée** : celle d'un pays libre, mais toujours en quête de justice et de sécurité.

Fiche 39 – Les gouvernements du PRI : Peña Nieto et la crise de confiance

Introduction

En 2012, après douze ans d'interruption du pouvoir, le **PRI** fait son grand retour sur la scène politique nationale. Son candidat, **Enrique Peña Nieto**, jeune gouverneur de l'État de Mexico, incarne une image de **renouveau générationnel** et de **modernisation technocratique**. Sa campagne, soigneusement orchestrée, promet de **réconcilier efficacité économique et paix sociale**, après la décennie violente et divisée du PAN (2000–2012).

Pour beaucoup de Mexicains, Peña Nieto représente l'espoir d'un **retour à la stabilité**, d'un gouvernement fort capable de rétablir l'ordre, de relancer la croissance et de restaurer l'image du Mexique à l'étranger. Mais derrière cette façade moderne, le retour du PRI réveille aussi **la mémoire d'un système autoritaire**, associé à la corruption, à la manipulation médiatique et à la collusion avec les élites économiques.

Au fil de son mandat, ces contradictions exploseront au grand jour : **le rêve modernisateur** se transformera en **crise de légitimité**, et la promesse de stabilité laissera place à **une défiance nationale généralisée**.

I. Le retour du PRI : entre modernité et héritage autoritaire

1. Une victoire électorale construite sur l'image et la communication

L'élection de Peña Nieto en juillet 2012 marque le **retour symbolique du PRI** après la parenthèse du PAN. Âgé de 45 ans, photogénique, charismatique, marié à une actrice de telenovela (Angélica Rivera), il incarne le **renouveau d'un parti centenaire**. Mais ce renouveau est avant tout **médiatique** : la campagne repose sur une stratégie de communication minutieusement calibrée, soutenue par les grands groupes de télévision (notamment **Televisa**).

Cette alliance entre le pouvoir politique et les médias renforce l'idée d'un **"retour du vieux système sous un visage jeune"**. Peña Nieto s'engage à moderniser le Mexique à travers un vaste programme de réformes appelé le **"Pacte pour le**

Mexique" (Pacto por México), signé avec les principaux partis d'opposition (PAN et PRD).

Ce pacte, inédit par son ampleur, témoigne d'une volonté de **consensus national** et de **gouvernance technocratique**. Mais il s'avérera rapidement un instrument de centralisation du pouvoir, permettant au président d'imposer des réformes ambitieuses sans véritable débat public.

2. La restauration de la présidence impériale

Derrière l'image d'un président moderne et dynamique, Peña Nieto réactive une tradition profondément ancrée du PRI : **le pouvoir présidentiel fort et centralisé**. Son gouvernement s'appuie sur un cercle restreint de technocrates issus de l'élite politique mexicaine — anciens gouverneurs, ministres expérimentés, conseillers économiques — qui reproduisent les logiques de contrôle politique des décennies passées.

Le retour du PRI se traduit ainsi par une **reconcentration du pouvoir exécutif**, un **affaiblissement du débat parlementaire** et un **usage stratégique de la communication officielle** pour façonner l'opinion publique.

Cette "restauration" du pouvoir présidentiel s'accompagne d'un **revirement institutionnel** : les gouvernements régionaux et les organes indépendants voient leur autonomie progressivement réduite. La politique mexicaine, que l'on croyait définitivement entrée dans l'ère du pluralisme démocratique, semble glisser vers un modèle de **démocratie contrôlée**, où le consensus politique masque des tensions profondes entre pouvoir et société civile.

II. Les grandes réformes structurelles : modernisation ou mirage ?

1. Le Pacte pour le Mexique : un agenda réformiste ambitieux

Le **Pacto por México**, signé en décembre 2012, rassemble plus de 90 propositions de réformes économiques, politiques et sociales. Il symbolise la volonté de **réconcilier efficacité économique et stabilité démocratique**.

Les principaux axes du Pacte concernent :

- la **réforme énergétique**, destinée à ouvrir le secteur pétrolier et gazier à l'investissement privé ;

- la **réforme éducative**, visant à moderniser le système scolaire et à réduire le pouvoir du syndicat des enseignants ;
- la **réforme fiscale**, cherchant à augmenter les recettes publiques et à réduire la dépendance pétrolière ;
- la **réforme des télécommunications**, pour briser les monopoles de Carlos Slim et de Televisa.

Ce programme ambitieux est salué par les milieux économiques et par la communauté internationale, notamment les États-Unis et l'Union européenne. Le Mexique semble enfin se doter d'un État réformateur, tourné vers la productivité et la transparence.

Mais derrière cette apparence de dynamisme se cachent des **résistances sociales profondes** et une **mise en œuvre inégale**. Les réformes, souvent imposées d'en haut, ne répondent pas aux réalités locales ni aux besoins des populations les plus pauvres.

2. La réforme énergétique : la fin d'un symbole national

L'un des volets les plus emblématiques du mandat de Peña Nieto est sans doute la **réforme énergétique de 2013**, qui met fin à **75 ans de monopole public** de la compagnie **PEMEX (Petróleos Mexicanos)**, nationalisée en 1938 sous le président Cárdenas.

Présentée comme un levier pour **attirer des investissements étrangers**, moderniser la production et stimuler la croissance, cette réforme est en réalité **profondément controversée**. Pour beaucoup de Mexicains, elle représente une **trahison de l'héritage révolutionnaire** et un retour à la dépendance économique vis-à-vis des États-Unis et des multinationales.

En ouvrant l'exploration et l'exploitation du pétrole à des entreprises privées étrangères, le gouvernement brise un **symbole historique de souveraineté nationale**. Les bénéfices promis — baisse des prix de l'énergie, modernisation technologique, création d'emplois — tardent à se matérialiser. En revanche, la corruption et le détournement de fonds dans les contrats publics augmentent considérablement, sapant la confiance de la population.

3. Réforme éducative et confrontation avec les syndicats

La **réforme éducative (2013)** visait à moderniser le système d'enseignement et à évaluer les enseignants selon leurs performances. L'objectif officiel était de **réduire le pouvoir des syndicats** — en particulier celui du **SNTE (Sindicato Nacional de Trabajadores de la Educación)**, longtemps dominé par la très influente **Elba Esther Gordillo** — et d'améliorer la qualité de l'éducation publique.

Mais la mise en œuvre de la réforme provoque **une opposition sociale massive**, surtout dans les États du sud (Oaxaca, Chiapas, Guerrero). Les enseignants dénoncent une politique punitive, centralisée, imposée sans concertation, qui ignore les réalités locales. Des grèves, des blocages et des affrontements violents éclatent entre enseignants et forces de l'ordre.

Au lieu de renforcer le système éducatif, la réforme révèle **les fractures sociales et régionales** du pays : un Mexique moderne et urbanisé d'un côté, un Mexique marginalisé et rebelle de l'autre.

III. Corruption, violence et effondrement moral du régime

1. Les scandales de corruption : de la "Casa Blanca" à Odebrecht

Malgré ses promesses de modernité, le sexennat de Peña Nieto est rapidement miné par une série de **scandales de corruption spectaculaires**. Le plus emblématique est celui de la **"Casa Blanca"**, une luxueuse résidence appartenant à l'épouse du président, construite par une entreprise ayant obtenu de nombreux contrats publics. Cette affaire devient un **symbole de collusion entre le pouvoir politique et les intérêts privés**.

S'ajoutent à cela les révélations sur les détournements de fonds au sein de **PEMEX**, impliquant des hauts fonctionnaires et des entreprises étrangères (notamment **Odebrecht**). La perception publique d'un État corrompu atteint un niveau critique. Les enquêtes sont souvent étouffées, les responsables rarement sanctionnés, ce qui renforce le **sentiment d'impunité généralisée**.

La corruption cesse alors d'être perçue comme une simple défaillance morale pour devenir **le cœur même du système politique mexicain**.

2. La violence persistante et l'échec de la stratégie sécuritaire

Sous Peña Nieto, la violence liée au narcotrafic ne diminue pas — au contraire, elle se transforme. Le président tente de **changer de discours** par rapport à Calderón : il minimise les opérations militaires et privilégie une communication axée sur la réussite économique. Mais sur le terrain, les affrontements entre cartels, les disparitions forcées et les exécutions sommaires se multiplient.

La tragédie d'**Ayotzinapa (2014)** devient l'événement le plus marquant du sexennat : **43 étudiants de l'école normale rurale d'Ayotzinapa** disparaissent après avoir été arrêtés par la police locale à Iguala, dans l'État de Guerrero. Les enquêtes révèlent une **collusion directe entre les forces de sécurité, les autorités locales et les cartels**. L'affaire suscite une indignation mondiale et brise définitivement la crédibilité du gouvernement.

Ce drame révèle l'**effondrement moral et institutionnel** de l'État mexicain : la justice est impuissante, la vérité manipulée, et les familles livrées à elles-mêmes.

3. Le divorce entre pouvoir et société

Face à ces scandales, la popularité de Peña Nieto s'effondre. Les manifestations de masse se multiplient, les médias indépendants dénoncent la censure et la surveillance des journalistes. Des organisations internationales (comme Amnesty International ou Reporters sans frontières) classent le Mexique parmi les pays les plus dangereux pour la presse.

La société civile, notamment les jeunes, les enseignants et les mouvements féministes, se radicalise face à l'inaction de l'État. Les réseaux sociaux deviennent un espace central de dénonciation et d'organisation, donnant naissance à de nouveaux mouvements citoyens. L'image d'un président moderne et réformiste s'effondre, remplacée par celle d'un chef d'État **isolé, discrédité et déconnecté de la réalité nationale**.

IV. Bilan et héritage du sexennat Peña Nieto

1. Des réformes ambitieuses, un pays plus divisé

Le gouvernement Peña Nieto a incontestablement mené les réformes structurelles les plus vastes depuis les années 1990. Mais leur impact réel reste limité par la **corruption systémique**, la **violence endémique** et l'**injustice sociale persistante**. Les inégalités régionales se creusent, la classe moyenne s'endette, et la confiance dans les institutions atteint un point de rupture.

2. La fin du mythe du PRI rénové

Le sexennat de Peña Nieto prouve que le **PRI n'a pas su se réinventer**. Sous des formes modernes et médiatiques, il reproduit les pratiques du passé : clientélisme, autoritarisme, manipulation de l'information. Le parti, qui se voulait garant de la stabilité, devient **le symbole de la décomposition politique**.

Aux élections de 2018, le PRI subit une **défaite historique** : il est balayé par le mouvement **MORENA (Movimiento de Regeneración Nacional)** d'**Andrés Manuel López Obrador**, porté par un discours de rupture totale avec "le système".

3. Une société en quête d'honnêteté et de justice

L'héritage le plus durable de Peña Nieto n'est pas institutionnel, mais moral : **le réveil d'une société civile plus exigeante et plus critique**. La jeunesse, les journalistes, les associations citoyennes ont pris conscience de la nécessité d'une **vraie transformation démocratique**, fondée sur la transparence et la responsabilité. Cette exigence de changement débouchera directement sur la victoire d'AMLO en 2018, symbole d'un **nouveau cycle politique**.

Conclusion

Le mandat de Peña Nieto clôt **un siècle de domination politique du PRI**. Sous ses apparences de modernité, ce dernier sexennat du parti hégémonique révèle la **crise morale et institutionnelle** d'un régime incapable de se réformer. Entre corruption, violence et inégalités, le Mexique sort profondément désabusé de cette expérience.

Mais cette crise est aussi **le ferment d'un renouveau** : elle ouvre la voie à une nouvelle ère politique, marquée par le triomphe du populisme de gauche et la recherche d'une authentique justice sociale.

Fiche 40 – L'arrivée d'AMLO et la "Quatrième Transformation" (2018–2025)

Introduction

L'élection d'**Andrés Manuel López Obrador (AMLO)** en **2018** marque l'un des plus grands bouleversements politiques de l'histoire contemporaine du Mexique. Après des décennies de domination du **PRI** et du **PAN**, son triomphe symbolise **la fin du cycle néolibéral** amorcé dans les années 1980 et **le retour d'un État social et nationaliste**. AMLO, fondateur du mouvement **MORENA (Movimiento de Regeneración Nacional)**, se présente comme l'héritier des grandes figures réformatrices de l'histoire mexicaine : **Benito Juárez, Francisco I. Madero** et **Lázaro Cárdenas**.

Son discours sur la **"Cuarta Transformación" (4T)** ambitionne de refonder la nation à travers un triple objectif : **moraliser la vie publique, réduire les inégalités** et **redonner au peuple la souveraineté économique et politique**. Cette transformation, comparable selon lui à l'Indépendance, à la Réforme et à la Révolution, est conçue comme **un processus historique global**, où l'éthique et la justice sociale remplacent la corruption et le privilège.

Entre 2018 et 2025, cette "quatrième transformation" devient **le moteur idéologique et politique** du Mexique contemporain, suscitant à la fois **un immense espoir populaire** et **de profondes controverses**.

I. Une victoire historique : la révolution démocratique de 2018

1. Le triomphe électoral de MORENA

Le 1er juillet 2018, AMLO remporte l'élection présidentielle avec **plus de 53 % des voix**, un résultat sans précédent dans l'histoire moderne du pays. Son parti, **MORENA**, fondé seulement quatre ans plus tôt, s'impose également au **Congrès**, remportant la majorité dans les deux chambres, ainsi que dans plusieurs États et municipalités.

Ce raz-de-marée électoral traduit **le rejet massif du système politique traditionnel**. Les électeurs, épuisés par la corruption, la violence et l'injustice sociale, voient en López Obrador **un homme honnête, proche du peuple, incorruptible**. Son discours simple, direct et souvent moraliste résonne profondément dans les régions rurales et les classes populaires urbaines.

L'élection d'AMLO ne représente pas seulement un changement de gouvernement : elle marque **la fin d'une ère politique** et **l'avènement d'un nouveau paradigme** fondé sur la régénération morale de la vie publique.

2. Les fondements idéologiques de la "Quatrième Transformation"

La "Cuarta Transformación" est présentée comme une **rupture historique**. AMLO la conçoit comme la **suite logique des trois grandes transformations nationales** :

- **L'Indépendance (1810–1821)**, qui libéra le Mexique du joug colonial espagnol.
- **La Réforme libérale (1857–1867)**, menée par Benito Juárez, qui affirma la séparation de l'Église et de l'État.
- **La Révolution mexicaine (1910–1917)**, qui établit les bases de la justice sociale et des droits du travail.

La **4T** ambitionne donc d'être **une révolution pacifique et morale**, destinée à "purifier la vie publique du Mexique". Son objectif est de **rétablir la souveraineté nationale**, de **lutter contre la corruption systémique** et de **remettre l'État au service des plus démunis**.

Cette approche repose sur une **vision populiste au sens positif** du terme : le peuple est présenté comme la source unique de la légitimité politique, face aux élites économiques et aux "mafias du pouvoir". AMLO promet de "séparer le pouvoir politique du pouvoir économique" — un message qui séduit des millions de Mexicains lassés du néolibéralisme.

3. Le style de gouvernance : austérité et proximité

Dès son arrivée au pouvoir, AMLO adopte un style de gouvernement singulier, inspiré de l'austérité républicaine. Il **réduit son salaire présidentiel**, supprime les pensions à vie des anciens présidents, vend l'avion présidentiel et renonce à la résidence officielle de Los Pinos pour s'installer au **Palais national**, symbole du pouvoir populaire.

Chaque matin, il tient une conférence de presse quotidienne appelée **"la mañanera"**, au cours de laquelle il s'adresse directement à la nation. Ces conférences deviennent un instrument central de sa communication politique : elles incarnent **la transparence directe**, mais servent aussi à **contrôler le récit public** et à marginaliser les médias traditionnels.

Cette proximité constante avec le peuple et sa parole directe renforcent **le lien affectif** entre AMLO et sa base populaire, tout en alimentant les critiques sur sa tendance à la personnalisation du pouvoir.

II. Les politiques de transformation sociale et économique

1. Une politique sociale fondée sur la redistribution et la dignité

La "4T" se distingue par une **politique sociale massive**, axée sur la redistribution directe des ressources publiques. Le gouvernement lance de nombreux programmes d'aide, dont :

- **"Sembrando Vida"**, qui soutient financièrement les petits agriculteurs pour reboiser et cultiver durablement les terres rurales ;
- **"Jóvenes Construyendo el Futuro"**, qui offre des formations et des stages rémunérés aux jeunes sans emploi ni études ;
- **"Pensión para el Bienestar"**, un système d'allocation universelle pour les personnes âgées.

Ces programmes sont financés par une **réduction drastique des dépenses de l'État**, une **lutte contre la corruption** et une **réorientation du budget public vers les zones marginalisées**. Ils constituent la base du **nouvel État social mexicain**, centré sur la dignité humaine et l'inclusion.

Cependant, leurs effets à long terme font débat : s'ils améliorent les conditions de vie immédiates, certains économistes y voient **des politiques clientélistes** qui ne s'attaquent pas aux causes structurelles de la pauvreté.

2. Une politique économique nationaliste et redistributive

Sur le plan économique, AMLO rompt avec le modèle néolibéral. Il refuse les privatisations, renforce le rôle des entreprises publiques et relance le projet d'un **capitalisme d'État** centré sur la souveraineté nationale. La **compagnie pétrolière PEMEX** et la **Commission fédérale d'électricité (CFE)** redeviennent des piliers stratégiques.

Le gouvernement investit dans de **grands projets d'infrastructure**, tels que :

- le **Train Maya**, destiné à stimuler le développement du sud-est du pays et le tourisme durable ;
- le **Corridor interocéanique de l'isthme de Tehuantepec**, censé rivaliser avec le canal de Panama ;
- la **raffinerie de Dos Bocas**, symbole de l'autosuffisance énergétique.

Ces projets incarnent la volonté de **rétablir la souveraineté industrielle** et de **rééquilibrer le développement territorial**. Mais ils suscitent aussi des controverses : impact environnemental, expropriations, dépassements budgétaires et centralisation excessive du pouvoir de décision.

3. Réorientation de la politique fiscale et monétaire

L'administration López Obrador mène une politique budgétaire marquée par la **discipline fiscale** : peu de dettes, peu d'emprunts extérieurs, mais une gestion rigoureuse des ressources existantes. AMLO refuse l'augmentation massive des impôts, préférant une **répartition plus équitable** et la lutte contre l'évasion fiscale. Les réserves financières du pays restent solides, renforçant la stabilité macroéconomique.

Cependant, cette austérité budgétaire limite la capacité de l'État à investir massivement dans l'éducation, la santé ou la recherche. Les infrastructures publiques souffrent d'un sous-financement chronique, et la croissance économique reste modeste, oscillant autour de 2 % avant la pandémie.

III. Sécurité, justice et tensions institutionnelles

1. La militarisation persistante du pays

Malgré son discours pacifiste initial, AMLO choisit de **maintenir et même d'étendre le rôle de l'armée** dans la vie publique. Il crée la **Garde nationale**, force hybride censée remplacer la police fédérale et lutter contre le narcotrafic. Mais en pratique, cette nouvelle institution renforce **la présence militaire dans les rues** et le **contrôle direct du président sur les forces armées**.

Cette militarisation croissante inquiète les défenseurs des droits humains, qui y voient une **menace pour la démocratie** et une **perpétuation du modèle sécuritaire** des présidences précédentes. Le taux d'homicides, malgré certaines baisses locales, reste l'un des plus élevés du monde.

2. Les rapports complexes avec la justice et les médias

AMLO présente la **lutte contre la corruption** comme une croisade morale. Il met en place une **Unité d'intelligence financière (UIF)** chargée d'enquêter sur le blanchiment et les détournements de fonds publics. Des figures politiques de l'ancien régime sont arrêtées ou poursuivies.

Cependant, ses critiques l'accusent d'**instrumentaliser la justice** à des fins politiques. Les tensions avec les médias indépendants sont fréquentes : le président dénonce régulièrement la "presse conservatrice" lors de ses "mañaneras", ce qui alimente les accusations d'intolérance envers la critique.

La relation d'AMLO avec la justice et la presse révèle **une tension fondamentale** entre sa volonté de moralisation et **sa conception verticale du pouvoir**.

3. Relations internationales et diplomatie souveraine

AMLO adopte une **politique étrangère prudente et souverainiste**. Il revendique la non-ingérence dans les affaires des autres États (principe historique de la diplomatie mexicaine) et cherche à **renforcer les liens latino-américains** avec des gouvernements progressistes (Cuba, Bolivie, Colombie, Chili).

Avec les **États-Unis**, la relation reste ambivalente :

- sous Donald Trump, AMLO parvient à **éviter la confrontation**, notamment sur la question migratoire, en échange d'un contrôle accru des frontières mexicaines ;

- sous Joe Biden, il mise sur **la coopération économique** et **les énergies vertes**, tout en refusant toute subordination politique.

Cette diplomatie pragmatique vise à **protéger l'autonomie du Mexique** tout en maintenant une relation économique stable avec son principal partenaire commercial.

IV. Crises, résilience et bilan à l'approche de 2025

1. La gestion de la pandémie et la résilience sociale

La pandémie de COVID-19 (2020–2022) met à l'épreuve la capacité de gestion du gouvernement. Critiqué pour son manque de rigueur sanitaire, AMLO privilégie le maintien de l'activité économique et la solidarité communautaire. Malgré des pertes humaines considérables, le Mexique réussit à **éviter l'effondrement économique total**, grâce à la stabilité monétaire et aux transferts d'argent des migrants (remesas).

Le gouvernement profite de cette période pour **renforcer les programmes sociaux** et **accroître la présence de l'État dans les régions rurales**, consolidant sa base populaire.

2. Les limites de la "Quatrième Transformation"

À l'approche de 2025, les observateurs dressent un bilan contrasté :

- D'un côté, une **révolution morale et symbolique** qui a restauré la confiance du peuple envers l'État ;

- De l'autre, **des résultats économiques mitigés**, une **violence toujours endémique** et **des tensions institutionnelles croissantes**.

La "4T" a transformé la relation entre le pouvoir et la société, mais elle n'a pas encore transformé les structures profondes du pays. Le Mexique demeure marqué par les inégalités régionales, la précarité du travail et la faiblesse de la justice.

3. Héritage politique et transition vers l'avenir

En 2024, AMLO annonce son retrait, fidèle à sa promesse de ne pas briguer un second mandat. Il soutient la candidature de **Claudia Sheinbaum**, première femme élue présidente du Mexique en 2024, assurant la continuité du projet de la 4T. Ce passage de relais marque **la première succession démocratique d'un mouvement post-néolibéral au Mexique**.

L'héritage d'AMLO reste donc ambivalent :

- Il a **réaffirmé la souveraineté populaire** et **redonné une voix aux oubliés**.
- Mais il laisse un pays toujours confronté à **la violence, la corruption et la fragilité institutionnelle**.

Conclusion

La "Quatrième Transformation" représente **bien plus qu'un programme politique** : c'est un **récit national**, un **mythe fondateur** qui prétend réconcilier le Mexique avec ses idéaux révolutionnaires. Elle a réveillé la fierté nationale, replacé l'éthique au cœur du discours politique et réhabilité le rôle social de l'État.

Pourtant, son succès réel dépendra de la capacité du pays à **institutionnaliser ses avancées** sans sombrer dans le culte de la personnalité. AMLO a ouvert une ère de **réappropriation démocratique du pouvoir**, mais la consolidation de cette transformation reste entre les mains des générations à venir.

Fiche 40 – Les défis actuels : inégalités, migration, climat et sécurité

Introduction

Entre 2018 et 2025, le Mexique se trouve à un carrefour critique de son histoire contemporaine. Malgré la Quatrième Transformation initiée par AMLO et les politiques sociales associées, le pays fait face à une **multiplicité de défis structurels**, qui sont interconnectés et se renforcent mutuellement. Ces défis touchent à la **justice sociale**, à la **mobilité humaine**, à la **résilience environnementale** et à la **sécurité publique**, constituant un véritable test pour la durabilité du projet politique actuel et pour la stabilité à long terme du pays.

Le gouvernement et la société civile doivent naviguer dans un contexte marqué par la **fragilité économique**, les **catastrophes naturelles récurrentes**, les **flux migratoires complexes** et la **persistence de la criminalité organisée**. Cette fiche explore ces enjeux sous quatre axes principaux, chacun analysé en profondeur, avec des sous-parties détaillées et illustratives.

I. Les inégalités socio-économiques : une fracture persistante

1. Disparités régionales et sociales

Le Mexique reste profondément inégal. Les écarts entre le **nord industriel et urbain** et le **sud rural et marginalisé** sont considérables. Alors que les grandes villes comme **Mexico, Monterrey ou Guadalajara** bénéficient de croissance économique, d'infrastructures modernes et d'accès à l'éducation et à la santé, de vastes zones rurales et semi-rurales, notamment dans le **Chiapas, Oaxaca et Guerrero**, connaissent un sous-développement chronique, une pauvreté élevée et un accès limité aux services de base.

Ces disparités se traduisent par :

- une mortalité infantile et maternelle plus élevée dans les États du sud ;
- un accès inégal à l'éducation de qualité, avec des taux de décrochage scolaire importants ;
- des opportunités limitées d'emploi formel, poussant une partie de la population vers l'économie informelle ou l'émigration.

Les inégalités sont également marquées sur le plan **ethnique et de genre**, affectant particulièrement les populations **indigènes et afro-mexicaines**, ainsi que les femmes rurales ou urbaines issues des classes populaires.

2. L'économie informelle et la vulnérabilité sociale

Une part considérable de la population active travaille dans le **secteur informel**, sans protections sociales ni sécurité de l'emploi. Le travail informel représente jusqu'à **50 % de l'économie nationale**, exposant les travailleurs aux aléas économiques et à la précarité.

Les programmes sociaux de la 4T, bien qu'ayant atténué certains effets de la pauvreté, ne suffisent pas à réduire les écarts structurels : la redistribution ne peut remplacer **la création d'emplois durables** ni un véritable accès à la mobilité sociale.

Cette situation contribue à **la migration interne et externe**, à la **fragilité des systèmes de santé et d'éducation** et à l'**exposition aux violences et aux trafics illicites**.

II. Migration : flux, pression et réponses politiques

1. Migration interne et urbanisation

Le Mexique connaît une **migration interne massive**, notamment des régions rurales vers les centres urbains. Les populations déplacées cherchent un meilleur accès à l'éducation, à l'emploi et aux services de santé, mais rencontrent souvent **une pauvreté urbaine accrue**, des logements précaires et des conditions de travail instables.

Ces flux internes contribuent à **la croissance rapide des villes secondaires** et à la saturation des infrastructures, provoquant tensions sociales et déséquilibres économiques. Certains quartiers urbains deviennent **des zones marginalisées**, vulnérables à la criminalité et à la violence des gangs.

2. Migration internationale et politique américaine

Le Mexique joue un rôle clé de **pays de transit et de destination pour les migrants** venant d'Amérique centrale (Honduras, Guatemala, El Salvador) et d'autres régions. Depuis 2018, les politiques américaines ont **exercé une pression croissante sur le Mexique**, notamment avec la mise en place de programmes comme le **MPP**

(Migrant Protection Protocols), qui obligent le Mexique à accueillir temporairement les demandeurs d'asile.

Le pays doit gérer simultanément :

- l'accueil humanitaire des migrants, souvent dans des conditions précaires ;
- la sécurité aux frontières, en particulier face aux cartels qui exploitent ces flux pour le trafic humain ;
- la coordination diplomatique avec les États-Unis et les pays d'origine, tout en préservant sa souveraineté.

Cette situation place le Mexique dans un **équilibre précaire**, entre humanitarisme, pression internationale et gestion sécuritaire.

III. Climat et environnement : défis structurels et catastrophes naturelles

1. Vulnérabilité géographique

Le Mexique est particulièrement exposé aux **catastrophes naturelles**, comme les ouragans, les séismes et les sécheresses. Les régions côtières du **Pacifique et du Golfe du Mexique** subissent régulièrement des ouragans dévastateurs, tandis que des zones comme **Mexico et Oaxaca** sont exposées aux tremblements de terre.

Ces phénomènes aggravent **la vulnérabilité des populations pauvres**, souvent logées dans des zones à risque et dépourvues d'assurance ou d'infrastructures adaptées.

2. Dégradation environnementale et gestion des ressources

Outre les catastrophes naturelles, le Mexique fait face à une **dégradation environnementale structurelle** :

- déforestation massive dans le sud et le centre ;
- pollution de l'air dans les grandes villes, dont Mexico en est un exemple emblématique ;
- raréfaction de l'eau potable, accentuée par la surexploitation des nappes phréatiques et la croissance urbaine ;

- impacts du changement climatique sur l'agriculture et la production alimentaire.

Les gouvernements récents ont tenté d'adopter des politiques environnementales et énergétiques plus durables, mais leur mise en œuvre est limitée par **le manque de financement, la corruption et la résistance des intérêts économiques.**

IV. Sécurité : criminalité organisée et fragilité de l'État

1. Violence liée aux cartels et criminalité urbaine

Le Mexique demeure confronté à **une violence endémique**, héritage des politiques de lutte contre les cartels mises en place depuis les années 2000. Les organisations criminelles contrôlent de larges portions du territoire, imposent des taxes illégales, exploitent les migrations et pratiquent **l'extorsion, le trafic de drogues et les enlèvements.**

Certaines régions, comme **Guerrero, Michoacán et Sinaloa**, sont particulièrement touchées, mais la violence atteint aussi des zones urbaines considérées comme sûres auparavant. Les forces de sécurité, qu'elles soient fédérales ou locales, restent insuffisantes face à la puissance et à l'infiltration des cartels.

2. Défis institutionnels et impunité

La lutte contre la criminalité est freinée par **la faiblesse institutionnelle et l'impunité généralisée.**

- Les enquêtes policières et judiciaires sont souvent compromises par la corruption.
- Les disparitions forcées et les homicides non résolus demeurent un problème majeur, particulièrement dans le nord et le centre du pays.
- Le système judiciaire peine à appliquer la loi, contribuant à la méfiance des citoyens envers l'État et à la normalisation de la violence.

3. Initiatives de sécurité et limites

Des initiatives ont été mises en place, comme le renforcement de la **Garde nationale** et des programmes locaux de prévention de la violence. Mais ces mesures rencontrent plusieurs limites :

- militarisation accrue avec des risques pour les droits humains ;
- insuffisance des forces civiles et de la coordination interinstitutionnelle ;
- impossibilité de s'attaquer aux causes structurelles de la criminalité, comme la pauvreté, l'inégalité et le manque d'opportunités.

Conclusion

Entre 2018 et 2025, le Mexique affronte **des défis multiples et interconnectés** :

- **Inégalités profondes**, avec une fracture persistante entre régions, classes sociales et populations marginalisées ;
- **Flux migratoires complexes**, qui mettent à l'épreuve les institutions et la diplomatie ;
- **Catastrophes naturelles et dégradation environnementale**, nécessitant des stratégies de résilience et de développement durable ;
- **Criminalité organisée et fragilité de l'État**, qui exigent des solutions structurelles et non uniquement répressives.

Ces défis définissent le **Mexique du XXIe siècle** comme un pays à la fois **fragile et résilient**, où la capacité de l'État et de la société civile à construire des solutions durables sera déterminante pour l'avenir. La période 2018–2025 illustre que **la transformation politique initiée par la Quatrième Transformation ne suffit pas à résoudre des problèmes structurels séculaires**, mais elle a créé un espace pour **une mobilisation sociale et institutionnelle inédite**.

Partie X – Mémo

Fiche 42 – Chronologie complète de l'histoire du Mexique

I. Les civilisations précolombiennes (2500 av. J.-C. – 1519)

- **2500–1000 av. J.-C.** : Premières sociétés agricoles dans les vallées centrales, cultures du maïs, haricots et courges. Début de la sédentarisation dans les régions de Tehuacán et Oaxaca.

- **1200–400 av. J.-C.** : Formation de sociétés complexes olmèques sur la côte du Golfe, développement de l'écriture proto-écrite, sculptures monumentales (têtes colossales).

- **200 av. J.-C.–750 apr. J.-C.** : Civilisation classique : Teotihuacán devient un centre urbain majeur, avec la pyramide du Soleil et de la Lune, système de commerce étendu et influence culturelle sur tout le Mexique central.

- **250–900 apr. J.-C.** : Civilisations zapotèque et maya se développent simultanément, chacune avec son écriture, son calendrier et ses structures politiques complexes.

- **1200–1519** : Émergence de l'empire aztèque. Tenochtitlán fondée en **1325** sur un îlot du lac Texcoco. Organisation sociale hiérarchique, religion polythéiste complexe et économie tributaire du commerce et de l'agriculture intensive.

II. La conquête espagnole et la colonisation (1519–1821)

- **1519–1521** : Expédition d'Hernán Cortés. Alliances avec Tlaxcala et Veracruz. Prise de Tenochtitlán et chute de l'empire aztèque.

- **1521–1530** : Consolidation du pouvoir espagnol, instauration des **encomiendas**, premiers efforts d'évangélisation.

- **1535** : Création du **vice-royaume de la Nouvelle-Espagne**, dirigé par Antonio de Mendoza.

- **XVIe–XVIIIe siècles** : Expansion coloniale, fondation de villes (Mexico, Puebla, Guadalajara), exploitation minière, plantations et missions religieuses.

- **1545** : Première grande épidémie de peste et maladies introduites par les Européens.
- **1565** : Début des missions jésuites dans le nord du pays.
- **1692** : Révolte des Indiens de Mexico contre les abus fiscaux et l'oppression coloniale.
- **1786** : Réformes borbónicas : modernisation administrative et centralisation du pouvoir vice-royal.

III. L'indépendance et la naissance du Mexique (1810–1857)

- **16 septembre 1810** : Hidalgo lance le **Grito de Dolores**, début de la guerre d'indépendance.
- **1811** : Mort de Miguel Hidalgo ; José María Morelos prend la relève.
- **1815** : Capture et exécution de Morelos, affaiblissement temporaire du mouvement.
- **1820** : Réformes libérales en Espagne affaiblissent le pouvoir colonial.
- **1821** : Signature du **Plan d'Iguala**, fin de la guerre d'indépendance. Création de l'Empire mexicain sous Agustín de Iturbide.
- **1823** : Abolition de l'empire, proclamation de la République fédérale.
- **1836** : Indépendance du Texas et début des tensions avec les États-Unis.
- **1846–1848** : Guerre américano-mexicaine ; traité de Guadalupe Hidalgo cède le nord du Mexique aux États-Unis.
- **1857** : Adoption de la **Constitution libérale**, qui affirme la séparation de l'Église et de l'État, les libertés individuelles et les droits civiques.

IV. Guerres, empire et réformes (1857–1876)

- **1858–1861** : Guerre de Réforme entre libéraux et conservateurs. Benito Juárez prend le pouvoir et réaffirme les lois réformatrices.

- **1862–1867** : Intervention française et installation du **Second Empire sous Maximilien de Habsbourg**.

- **1867** : Exécution de Maximilien, restauration de la République par Benito Juárez.

- **1872–1876** : Début de l'ère du **Porfiriat**, consolidation politique et préparation du long règne de Porfirio Díaz.

V. Le Porfiriat et la Révolution mexicaine (1876–1920)

- **1876–1910** : Porfirio Díaz modernise l'économie, développe les chemins de fer et l'industrialisation, mais renforce l'inégalité et l'autoritarisme.

- **1906–1910** : Montée des mouvements sociaux et opposition politique.

- **1910** : Début de la **Révolution mexicaine** ; Francisco I. Madero lutte pour la démocratie et l'égalité politique.

- **1911** : Madero élu président après la chute de Díaz.

- **1913** : Coup d'État de Victoriano Huerta, assassinat de Madero ; début de la guerre civile.

- **1914–1917** : Lutte des factions révolutionnaires : Pancho Villa au nord, Emiliano Zapata au sud.

- **1917** : Adoption de la **Constitution révolutionnaire**, établissant les droits sociaux, la réforme agraire et le rôle de l'État dans l'économie.

- **1920** : Fin officielle des principaux combats révolutionnaires et début de la reconstruction postrévolutionnaire.

VI. Le Mexique postrévolutionnaire (1920–1940)

- **1920–1924** : Présidence d'Obregón, stabilisation politique, reconnaissance des droits des travailleurs et des paysans.

- **1924–1928** : Présidence de Plutarco Elías Calles, consolidation du **PNR (Partido Nacional Revolucionario)**.

- **1934–1940** : Lázaro Cárdenas mène d'importantes nationalisations, réforme agraire massive et soutien aux ouvriers et aux paysans.

VII. Le Mexique moderne (1940–1982)

- **1940–1970** : "Miracle mexicain" : industrialisation rapide, urbanisation, croissance économique moyenne de 6 % par an.

- **1946–1982** : Domination politique du **PRI**, contrôle quasi-total des institutions et des médias.

- **1968** : Massacre de **Tlatelolco**, répression étudiante avant les Jeux olympiques de Mexico.

- **1970s–1980s** : Crises économiques et inflation, début de l'endettement extérieur massif.

VIII. Crises, réformes et ouverture démocratique (1982–2000)

- **1982** : Crise de la dette externe, récession économique et désindustrialisation.

- **1986–1994** : Réformes structurelles et ouverture au commerce international, signature du **traité de libre-échange nord-américain (ALENA)** en 1994.

- **1994** : Soulèvement zapatiste au Chiapas ; mise en lumière des inégalités persistantes et des droits des populations indigènes.

- **2000** : Fin de la domination du PRI, élection de **Vicente Fox (PAN)** à la présidence.

IX. Le Mexique contemporain (2000–2025)

- **2000–2006** : Présidence de Vicente Fox ; réformes démocratiques, mais tensions persistantes avec le Congrès et les structures héritées du PRI.

- **2006–2012** : Présidence de Felipe Calderón ; intensification de la **guerre contre les cartels**, hausse significative de la violence.

- **2012–2018** : Présidence de Enrique Peña Nieto ; scandales de corruption, perte de confiance dans les institutions, malgré certaines réformes économiques et énergétiques.

- **2018** : Élection d'**Andrés Manuel López Obrador (AMLO)** ; lancement de la **Quatrième Transformation**.

- **2018–2025** : Mise en œuvre de programmes sociaux, projets d'infrastructure, politique énergétique souveraine, affrontements persistants avec la criminalité organisée et défis environnementaux majeurs.

- **2020–2022** : Gestion de la pandémie de COVID-19, consolidation des programmes sociaux et maintien d'une stabilité macroéconomique relative.

- **2023–2025** : Transition vers la continuité de la 4T avec l'élection de Claudia Sheinbaum, débats sur l'efficacité des réformes sociales, sécurité et adaptation au changement climatique.

Fiche 43 – Les grandes figures historiques

A

Agustín de Iturbide (1783–1824)
Militaire et homme politique, Iturbide conclut la guerre d'indépendance avec le Plan d'Iguala en 1821 et devient empereur du Mexique (1822–1823). Son règne est court et controversé, marqué par des tensions politiques et économiques, avant son abdication et son exécution. Il est considéré à la fois comme héros de l'indépendance et symbole des excès monarchiques.

Álvaro Obregón (1880–1928)
Figure centrale du Mexique postrévolutionnaire. Président (1920–1924), il stabilise le pays après la Révolution, réforme l'armée, soutient l'éducation publique et favorise l'industrialisation. Assassiné en 1928, il est un acteur clé de la consolidation révolutionnaire.

B

Benito Juárez (1806–1872)
Originaire de Oaxaca et d'origine zapotèque, Juárez incarne la lutte pour les réformes libérales et la défense de la République mexicaine. Président de 1858 à 1872, il mène la guerre de Réforme, résiste à l'intervention française et à l'empire de Maximilien, et établit la séparation Église-État.

Bartolomé de las Casas (1484–1566)
Prêtre dominicain espagnol, défenseur des droits des populations indigènes. Il critique les abus des conquistadors et milite pour une législation plus juste envers les peuples autochtones.

C

Carlos Salinas de Gortari (1948–)
Président (1988–1994), il réforme l'économie, signe l'ALENA et encourage la libéralisation économique. Son mandat est terni par des scandales de corruption et une contestation sociale importante.

Cuauhtémoc (1495–1525)

Dernier empereur aztèque, il défend Tenochtitlán contre Cortés. Capturé et exécuté, il demeure symbole de résistance indigène.

Claudia Sheinbaum (1962–)

Scientifique et femme politique, première femme maire de Mexico (2018–2025). Actrice politique majeure du XXIe siècle et représentante de la Quatrième Transformation.

D

Diego Rivera (1886–1957)

Peintre et muraliste, il représente les luttes sociales et la Révolution mexicaine à travers son art. Il est également marié à Frida Kahlo et participe à la réflexion politique et culturelle du Mexique postrévolutionnaire.

F

Francisco I. Madero (1873–1913)

Réformiste et démocrate, il déclenche la Révolution mexicaine contre Porfirio Díaz en 1910. Président élu en 1911, il est assassiné en 1913 lors du coup d'État de Huerta.

Francisco Villa (Pancho Villa) (1878–1923)

Commandant révolutionnaire dans le nord du Mexique, il lutte pour les droits des paysans et participe à la chute de Huerta. Sa légende perdure dans la culture populaire.

G

Guadalupe Victoria (1786–1843)

Premier président du Mexique (1824–1829), consolide la jeune république et défend le fédéralisme.

Gabriel García Moreno (1821–1876) *(influence indirecte au Mexique par idées conservatrices sud-américaines)*

Militant du conservatisme et influence idéologique sur les mouvements mexicains conservateurs du XIXe siècle.

H

Hernán Cortés (1485–1547)
Conquistador espagnol, il conquiert l'empire aztèque (1519–1521) et fonde Mexico-Tenochtitlán.

Héctor Fix-Zamudio (1924–2022)
Juriste mexicain de renom, il contribue à la réforme du système judiciaire et au développement du droit constitutionnel au Mexique.

I

Ignacio Allende (1769–1811)
Militaire insurgé, principal chef aux côtés de Miguel Hidalgo lors de la guerre d'indépendance. Capturé et exécuté, il est une figure héroïque de l'insurrection.

J

José María Morelos (1765–1815)
Prêtre et chef révolutionnaire, il succède à Hidalgo et établit le Congrès de Chilpancingo pour légitimer l'indépendance. Capturé et exécuté, il est une icône de la lutte révolutionnaire.

José Vasconcelos (1882–1959)
Intellectuel, ministre de l'Éducation et promoteur de la culture postrévolutionnaire. Il joue un rôle clé dans l'alphabétisation et la diffusion artistique et culturelle.

L

Lázaro Cárdenas (1895–1970)
Président (1934–1940), il nationalise le pétrole, mène la réforme agraire et soutient les travailleurs et paysans. Figure majeure de la consolidation révolutionnaire.

M

Maximilien de Habsbourg (1832–1867)
Empereur du Mexique (1864–1867) installé par Napoléon III. Exécuté après l'échec de l'empire face à Juárez.

Miguel Hidalgo y Costilla (1753–1811)

Prêtre et leader de la guerre d'indépendance, célèbre pour le Grito de Dolores. Il incarne la révolte contre l'oppression coloniale.

Manuel Ávila Camacho (1897–1955)

Président (1940–1946), il consolide la transition entre le postrévolutionnaire et le développement du "miracle mexicain", favorisant stabilité économique et sociale.

Mariano Escobedo (1826–1902)

Général républicain contre l'intervention française, figure de la défense nationale et de la résistance contre Maximilien.

O

Octavio Paz (1914–1998)

Écrivain et diplomate, prix Nobel de littérature, il influence la réflexion sur l'identité et la culture mexicaine contemporaine.

P

Plutarco Elías Calles (1877–1945)

Président (1924–1928), fondateur du PNR, architecte du système politique centralisé du XXe siècle.

Porfirio Díaz (1830–1915)

Président et dictateur (1876–1910), il modernise l'économie et l'infrastructure mais maintient une inégalité sociale et politique extrême, provoquant la Révolution de 1910.

R

Rufino Tamayo (1899–1991)

Peintre et muraliste postrévolutionnaire, célèbre pour sa modernisation artistique et son engagement culturel.

Ricardo Flores Magón (1874–1922)

Journaliste et anarchiste, figure intellectuelle de la Révolution mexicaine, il critique le Porfiriat et inspire les mouvements sociaux radicaux.

S

Sor Juana Inés de la Cruz (1648–1695)
Poétesse et intellectuelle du vice-royaume, elle critique les limites imposées aux femmes et à la culture dans la société coloniale.

Salvador Allende *(influence indirecte au Mexique par idéaux de gauche en Amérique latine)*
Référence pour les mouvements progressistes mexicains du XXe siècle.

V

Vicente Fox (1942–)
Premier président non-PRI depuis 1929 (2000–2006), il marque la transition démocratique.

Victoriano Huerta (1845–1916)
Président usurpateur (1913–1914), son autoritarisme déclenche la résistance constitutionnaliste.

Z

Emiliano Zapata (1879–1919)
Leader révolutionnaire du sud, défenseur des paysans et de la réforme agraire. Icône de la justice sociale et symbole révolutionnaire.

Zoé Robledo (1980–)
Acteur politique contemporain, directeur de l'Institut mexicain de la sécurité sociale, représentatif de la nouvelle génération d'administrateurs publics.

Fiche 44 – Lexique et notions essentielles

A

Agrarisme / réforme agraire : Ensemble de mesures politiques visant à redistribuer les terres pour réduire les inégalités. Essentiel lors de la Révolution mexicaine et consolidé sous Cárdenas.

ALENA (Accord de libre-échange nord-américain) : Traité de 1994 entre le Mexique, les États-Unis et le Canada, marquant l'entrée du Mexique dans la mondialisation et favorisant le commerce international.

Aztèques : Civilisation mésoaméricaine centrée sur Tenochtitlán, avec une organisation politique, économique et religieuse complexe.

Autonomie locale : Capacité des régions et des villes à gérer leurs affaires internes, un concept important durant le fédéralisme post-indépendance.

B

Borbonicas (réformes) : Réformes entreprises par la dynastie des Bourbons au XVIIIe siècle pour centraliser l'administration coloniale et renforcer la fiscalité.

Bourgeoisie : Classe sociale issue du commerce et de l'industrie, en forte croissance sous le Porfiriat et au XXe siècle.

C

Centralisme / fédéralisme : Deux modèles de gouvernement dans le Mexique post-indépendance. Le centralisme concentre le pouvoir à Mexico, tandis que le fédéralisme garantit l'autonomie des États.

Colonisation espagnole : Processus d'occupation et de contrôle du territoire mexicain par l'Espagne, comprenant l'exploitation économique, l'évangélisation et la structuration sociale.

Conquête : Période (1519–1521) durant laquelle les Espagnols, menés par Cortés, soumettent les civilisations mésoaméricaines.

Constitution de 1857 : Texte fondamental garantissant le libéralisme, la séparation de l'Église et de l'État et les droits individuels.

Constitution de 1917 : Document post-révolutionnaire intégrant des droits sociaux, la réforme agraire et le contrôle étatique de l'économie.

D

Democratisation : Transition politique vers un système multipartite, amorcée avec la fin de l'hégémonie du PRI en 2000.

Dictature / autoritarisme : Concentration du pouvoir dans les mains d'un dirigeant ou d'un parti, caractéristique du Porfiriat et du PRI au XXe siècle.

E

Empire mexicain : Deux tentatives de monarchie au Mexique : Iturbide (1822–1823) et Maximilien de Habsbourg (1864–1867), toutes deux échouées.

Encomienda : Système colonial attribuant des terres et des populations indigènes à un colon pour exploitation et évangélisation.

Évangélisation : Conversion des peuples indigènes au christianisme par les missionnaires espagnols.

Expropriation : Mesure de l'État pour reprendre des terres ou biens, notamment lors de la réforme agraire.

F

Fraccionamiento / hacienda : Grandes exploitations agricoles, souvent sources d'inégalités, caractéristiques de la période coloniale et du Porfiriat.

Frontières nationales : Délimitations territoriales du Mexique, affectées par la perte du Texas et la guerre contre les États-Unis (1836–1848).

G

Guerre d'Indépendance (1810–1821) : Conflit pour libérer le Mexique du pouvoir espagnol. Débute avec le Grito de Dolores et culmine avec la signature du Plan d'Iguala.

Guerre civile / révolution : Conflits internes majeurs, tels que la Révolution mexicaine (1910–1920), opposant différentes factions politiques et sociales.

Guerre de Réforme (1858–1861) : Conflit entre libéraux et conservateurs pour la définition du rôle de l'Église et du pouvoir politique.

I

Indigènes / peuples autochtones : Populations originelles du Mexique, structurées en civilisations complexes (Aztèques, Mayas, Zapotèques).

Industrie / industrialisation : Processus de modernisation économique, particulièrement accentué durant le Porfiriat et le "miracle mexicain" (1940–1970).

Inégalités sociales : Écart marqué entre classes sociales, facteur déclencheur de la Révolution mexicaine et persistante dans le Mexique contemporain.

L

Liberalismo / réformes libérales : Mouvement politique du XIXe siècle visant la modernisation de l'État, la séparation de l'Église et l'extension des droits civiques.

Laïcité / sécularisation : Séparation de l'Église et de l'État, mise en œuvre par les réformes de Benito Juárez et consolidée dans la Constitution de 1857.

M

Miracle mexicain : Période de croissance économique rapide et industrialisation intensive (1940–1970), accompagnée de stabilité politique sous le PRI.

Missions / missionnaires : Institutions religieuses implantées pour convertir les populations indigènes et organiser la vie sociale dans les territoires colonisés.

Monnaie / peso : Système monétaire mexicain, sujet à de multiples crises économiques, notamment en 1982 et 1994.

N

Néolibéralisme : Politique économique de dérégulation, privatisation et ouverture internationale, appliquée à partir des années 1980.

Nord / région nord : Zone stratégique pour l'économie, l'industrialisation et les échanges commerciaux.

O

Organisation sociale coloniale : Hiérarchie de la Nouvelle-Espagne : Espagnols peninsulaires, créoles, métis, indigènes et esclaves africains.

Oligarchie : Groupe restreint de personnes dominant la politique et l'économie, typique du Porfiriat et du PRI.

P

PAN (Partido Acción Nacional) : Parti politique, opposition au PRI, acteur central de la démocratisation au XXIe siècle.

PNR / PRI : Parti dominant le Mexique de 1929 à 2000, consolidant le pouvoir postrévolutionnaire et centralisé.

Porfiriat : Régime autoritaire de Porfirio Díaz (1876–1910), période de modernisation et d'inégalités.

Plan d'Iguala : Document de 1821 définissant les conditions de l'indépendance du Mexique et la mise en place de l'Empire d'Iturbide.

R

Réforme agraire : Redistribution des terres pour réduire les inégalités, centrale lors de la Révolution mexicaine et avec Cárdenas.

Réformes sociales : Politiques visant à améliorer la condition des travailleurs et paysans, incluant l'éducation, la santé et les droits fonciers.

Républicanisme : Idéologie politique valorisant la souveraineté nationale et la participation citoyenne, en opposition au centralisme monarchique.

S

Sécurité nationale : Ensemble de mesures pour protéger le Mexique contre les menaces internes (narcotrafic, révoltes) et externes (ingérence étrangère).

Soulèvement zapatiste (1994) : Révolte indigène revendiquant droits sociaux et reconnaissance des peuples autochtones.

Société mexicaine contemporaine : Caractérisée par l'urbanisation, les inégalités, le multiculturalisme et les tensions politiques.

T

Tenochtitlán : Capitale de l'empire aztèque, centre politique, religieux et économique majeur avant la conquête espagnole.

Tlatelolco : Place de Mexico, symbole des contestations étudiantes et du massacre de 1968, révélateur des tensions politiques sous le PRI.

V

Vice-royaume de la Nouvelle-Espagne : Administration coloniale espagnole (1535–1821), centralisant le pouvoir politique et économique.

Villes coloniales : Centres urbains fondés par les Espagnols, structurants pour l'économie et l'organisation sociale (ex. Mexico, Puebla, Guadalajara).

Z

Zones rurales / urbaines : Répartition spatiale de la population mexicaine, centrale dans les politiques économiques et sociales, source de tensions historiques et contemporaines.

Zones arides et montagneuses : Caractérisent la géographie mexicaine et influencent l'agriculture, la colonisation et les échanges économiques.

Printed in Dunstable, United Kingdom